臺灣‧能‧革命

綠能大國或核災難民的選擇

方儉 著

臺灣商務印書館

臺灣從現在開始，是否會進入能源的黃金時代，而非走向能源危機的黑暗時期，這完全看我們這一代人是否願意提出必要的能源革命。

小林村滅村，喚醒了我的「難民基因」因子，生活了 50 多年的地方，我竟一無所知。如果我們真正多關心一些我們的土地，就會發現，板塊擠壓、地震、海嘯、颱風，是造就台灣的「天賜良機」，而不是天災。台灣只有人禍，沒有天災。人禍的根源來自我們不尊重生命，與對土地的漠視。

莫拉克風災，在越域引水東口的勤和村留守的十多名施工單位人員全部罹難，數以噸計的黃色炸藥都埋在土石流中。

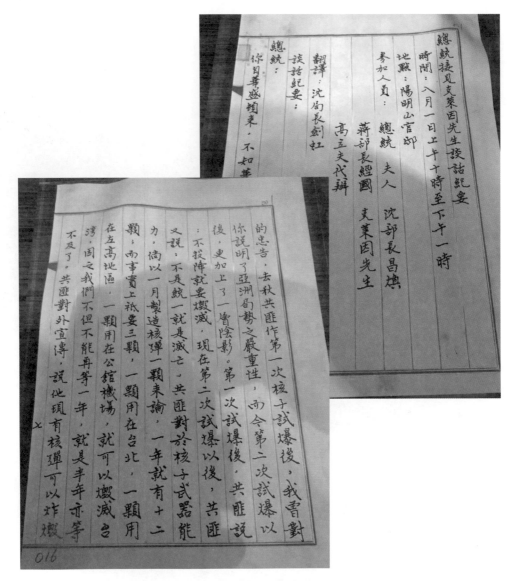

在後慈湖展出解密的檔案中，揭露 1965 年蔣氏父子在中共核武試爆成功後的恐懼，與美國駐華大使密會，要求美方提供核武。結果來的是核電廠，成了原來蔣經國的「九大建設」的第十大建設。這是台灣核電史的「原生文件」。

日本福島核電廠的大門，我和神道聖雄冒冒失失的「闖」到這裡，
冒著一萬多倍於背景的輻射劑量，在這裡待一小時所承受的劑量，
相當在一般地方一年半的輻射。

我和神道聖雄（右）倆，像孤魂野鬼似
的，在空蕩蕩的福島闖了3天。

福島的綠野平疇，這是「無間道」，沒有時間，沒有空間，沒有
人煙，只有幽魂似的輻射繚繞不去。

福島周遭綿延數十公里的黑
色太空包，都是一般路面、
農地除污的輻射垃圾。

福島的福，是幸福的「福」
福爾摩沙的福，會不會成為「輻射」的「輻」？

在福島管制區內到處
都有警示。

在葛尾村已受輻射污染，但在一個
小山村中，輻射較低，日本政府不
強制居民撤離，年輕的母親抱著不
到一歲的孩子在顧店，隨時拿出輻
射劑量儀測輻射。

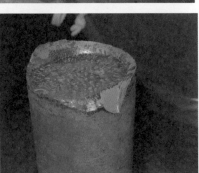

錨定螺栓斷裂照片。

核二廠就建在豐沛的硫磺溫泉區，2011 年發生了舉世震驚的反應爐錨定螺栓斷裂的事故，這些原本設計壽命遠遠超過核電廠的螺栓是不可能斷的，但核二廠 1、2 號機都斷了，而且很明顯有硫化鐵的顏色，但是台電連空氣中硫含量都沒有測過。

以機械生命週期描繪出從初期夭折，到壽終期前的疲勞老化事故機率「浴盆曲線」，說明歷次核災的位置，而台灣的 4 座核電廠都在最危險的區域，而且核廢料累積沒有移除過，輻射毒素超無敵，半徑 80 公里有 7 百萬人，舉世無雙。

惡名昭彰的寶特瓶，塞在核四廠反應爐的圍阻體上。內容物是工人的排泄物。（取材自原能會網頁）

左 2014 年核四廠房淹水照。核四廠施工期間頻頻淹水，再傳安全疑慮。在基礎工程施工時，台電與包商缺乏工程與材料的標準，是其問題根源。（照片擷取自網路）

核二廠（本圖）的燃料池（右上圖），儲放著數千束使用過的核燃料棒，每一束都是一個閻王。核二的燃料束是看不到的，都被機器擋住了，因為核一、二的燃料池已經塞爆了，不容易接近。

這是台灣的「森羅殿」。如果發生大地震，核二廠兩座反應爐的錨定螺栓都斷裂了，高強度核廢料死灰復燃，重新臨界，這裡就是可以污染半徑 5 百公里以上的絕毒輻射的來源，足以讓福爾摩沙成為「輻爾謀殺」。

核一廠燃料池。

上 核四施工期間鷹架直接搭在設備上，造成設備損害（取材自原能會網頁）

下 核四的管線閥門都成了二手貨（台電退休員工提供）

核一廠用過的核廢燃料場，地勢險惡，觸目驚心。

核一廠高強度核廢料場就蓋在隨時會崩塌走山的斷層區內。核一廠的燃料池的用
過核燃料高強度核廢料已經爆滿，這些含有宇宙最毒的鈽高達數噸，而現在規劃
的貯存場完全不負責任，就在隨時可能崩塌走山的斷層地帶，未來也不可能再把
巨大重達 228 噸的核廢料貯存桶運走。

國外的太陽能電廠，如果在雲林台西實現，將可改變台灣人的生活、能源與環境。（立法委員田秋堇辦公室提供）

台灣有充沛的風力與太陽能資源，如果妥善開發，可以發出現在供電量的 2-3 倍，但是沒有覺悟，也沒有規劃，只能讓風力像流浪貓狗一樣到處被趕，太陽能也沒有機會正常發展，只因為政府堅決不放棄核電，阻止綠能發展的機會。

是我們這一代扼殺了未來的子孫生存的機會，就算我們今天省下綠能不用，未來子孫也沒機會了。

目錄

代序 1. 再生原鄉

陳玉峯（成功大學台灣文學系教授）

　　認識方儉將近 4 分之 1 個世紀，從 1989 年他將世界地球日引進台灣以降。因為環境、生態、政治等種種弱勢運動的諸多接觸，我似乎有些瞭解他的內心世界，也欣賞、肯定他的才氣、膽識與格局，而許多的觀點、見解或智能，特別是台灣的能源政策面向，方儉永遠走在時代浪潮的先端。

　　方儉徹徹底底是台灣環保界的尖兵，然而，在許多環保人士眼中，他卻是個桀傲不馴、睥睨凡夫俗子的孤寂者，這也造成他在生涯或心路歷程的九彎十八拐，曲折多變；然而，在我心目中，方儉人格的最大特徵之一，他是個「情痴」，對公義的情痴、對土地環境或世代正義的情痴，我想世間沒幾個人了知方儉的「情痴」。好不容易，在他「知天命」之後，終於寫出了塵封半個世紀的款款深情！

　　表面上這部直指台灣能源政策未來的警世之作，固然淺入深出地揭櫫諸多知識與價值抉擇的智慧，然而，我卻將這書視為台灣文化與土地倫理的範例，而超越了時下膚淺的政治意識形態之爭，因而我以「再生原鄉」代序之。

　　「火燒林投，不死心；梧桐落葉，心未死」，台灣這片土地上永遠不斷萌長出仁人志士，有如方儉！誠摯地向國人推薦這冊力作，或可期待台灣的新世代，在涵泳方儉的靈心慧筆中，走出生機的未來。

代序 2. 早日廢核，改用綠能，台灣才有現在以及未來

劉黎兒（名作家，媒體人）

　　未來不僅是屬於我們的，更是屬於我們的子孫，以及打算長遠在這塊土地的人們的。但是長年以來，在政府官僚、政客以及跟核電有關的利益業者、學者等所謂「核電幫」的欺瞞下，全球最危險、隨時會釀災的老朽核電居然還存在，甚至想延役，狠心地想剝奪所有人的現在與未來；而且現在核電也早已不斷在污染我們的土地與空氣了。

　　如果發生核災，台灣就無法生存；發生福島核災的日本是再一次核災即會亡國，但台灣是連一次都禁不起的。

　　方儉是台灣真正深入福島核一廠周邊核災災區去採訪、檢測的社運人士之一，他更能痛切描繪核災造成的傷害，也因為對於整個政府民間體制等最為理解，他最有資格告訴台灣人發生核災時要怎麼辦。這是核電幫不會也無能解決的；而要怎樣才不會讓核災發生，方儉的書就是答案。

　　對於核電會亡國滅種的覺醒，方儉是早在廿幾年前就有了，在反核路上，他是我所尊敬的前輩、諮詢對象及夥伴；方儉以他豐富、精準的知識來剖析台灣電力的真相，也從歷史、地質等角度來思考台灣到底是否適合核電，除了揭穿政府、台電等至今各項謊言，也指出台灣在能源

真正可以走、該走的大路。

　　核電是最貴、最不乾淨、最不安全的發電方式,連日本前首相小泉純一郎都直呼自己上了核電幫大當;核電根本跟經濟發展無關,而且製造了台灣最大的經濟以及環境的最大不良債權,方儉告訴大家如何擺脫台電等人製造出來電力恐怖主義的陰霾,如何發動能源革命來創造美好的未來。

　　能源革命是為了爭取基本生存權的革命,不分出身黨派,能源革命是全民革命,如果每個人靠自覺透過這場革命來搶救自己及台灣的現在與未來,那就會有無限力量,不用擔心民主主義根幹遭腐蝕或基本正義蕩然無存,任何狀況都有自信、能力奪回創造未來的權利。

　　方儉沒有賣弄許多專家、官員自己也不懂的術語,娓娓道出理解台灣核電與能源的真相,讓每個人都能理解。其中許多是方儉本人經歷或目睹耳聞的事實,讀這本書也宛如跟著方儉一起觀察體驗,並思考怎樣才對自己或台灣最好,怎樣才能守護自己所愛的人與家鄉。

　　方儉是長年一個個人在從事能源革命,發揮了絕大的力量,相信讀了此書,每個人也能發起或參與能源革命,至少聰明節能、安心享受能源,對於任何關於核電或能源的問題,有獨立思考、判斷的能力,不會讓那些對台灣冷酷無情的核電幫來阻擾能源的改革;這本書的誕生、問世,也是一場真正的全民能源革命,登場了。

各界推薦序：以下依姓氏筆畫順序排放。

田秋堇（立法委員）：

能源對現代國家而言，就像血液之於人體一樣重要。台灣超過 97% 的能源靠進口，這就像一個人的血液 97% 都靠別人輸給他一樣危險。

我們有兩個選擇，就是像現在這樣繼續飲鴆止渴，依靠核電和石化能源，或者像工業大國德國一樣，立下國家目標，2022 年放棄所有的核電廠，全國進入非核家園。而且，在 2010 年，他們的行政立法單位同時通過「2050 能源規劃案」，到了 2050 年，德國 80% 的電力來自綠色能源，不同的選擇，我們將建立一個面貌完全不同的國家。

確實，此刻，這本書對臺灣無比重要。

從環保記者，到社會運動者，放著好日子不過的方儉，為了放不下的台灣，和他所愛的家人和朋友，平常裝得酷酷的他，忍不住還是放手一搏，出了這本書，想辦法把道理說個通透。和大家一樣，他願盡一切努力，只求台灣遠離核災，永保平安，而且還可以發展綠色經濟、永續發展！

胡因夢（名演員、作家）：

細節、精確的數據、不厭其煩的深入探究、赤裸的批判和憤慨，或許這些都會讓讀者的耐力遭到考驗，但深入於生態危機背後之「一體性」的真實環保運動者，又如何能以有別於此的寫作方式，來呈現或壓抑內

心深處無法言表的悲憫呢？

高茹萍（恩志歐社會企業創辦人，台灣再生能源推動聯盟發起人）：
從《臺灣‧能‧革命》中；我看到了方儉的鐵漢柔情

當我開始讀此書，就像是進入了一本故事情境，看到了方儉因為顛沛流離的家世背景，方儉像是說故事般在書裡面帶著我們經歷了生命裡從台灣小林災區到日本福島到國際的豐富視野和問題，我想，這本書，是作者想喚起身為現代的台灣公民從現在到 50 年甚至 500 年的未來思考，如何面對現況？如何向子孫交代我們這個世代的作為？是一本一不小心就會讓人陷入沈思的好書，也是身為現代台灣人都應該讀的一本書。

陳錫南（宜蘭人文基金會董事長）：

甫自方儉口中全台灣最接近上帝的台電 26 樓電力調度中心歸來，就接到為新書寫序的任務，何其偶然，何其榮幸。

方儉兄這本書，不僅談核電，還針砭整個台灣多年沉痾，甚至提出藥方，令人嘆服。我們或許可以繼續蒙著雙眼，擁有自己的小確幸。但看方儉的書，卻能看見這個天下熙攘皆為利往的真實謊言社會樣貌。

不讀這本書，你不懂為何有人放著大好日子不過，非要跑去福島沾染輻射。不讀本書，也不會懂得那些生活中認為的理所當然，只是被僵化教條，宣導與廣告所灌輸出來的錯誤觀念。台灣還有救，只要多幾個像方儉般能洞穿虛妄，看見真實的人，未來就還有希望。

楊順美（媽媽監督核電廠聯盟發起人）：

方儉經常說台電破產後，我們應該把台電買下來經營。我真這樣盼望。

當所有外國專家說台灣最好發展風力跟太陽能的時候，只有台灣的官員舉出各種困難，不肯做。當福島核災發生後，幾個用核電的國家反過頭去檢討自家核電廠安全的時候，只有台電這個把核電廠蓋在斷層火山地層上的「老大哥」，拍胸脯說，不怕，很安全。

當我們討論台灣能源問題的時候，著眼點不能只放在我們這一代用電的方便性，還要考慮將來的永續性以及留給後代甚麼。這是父母對孩子真正的關心與負責，也是我們能選擇的！

楊憲宏（中央廣播電台常務董事兼節目主持人）：

能在台灣搞革命嗎？方儉的書給了清楚的路標。當然這也是一本「革命家」的生命告白。「綠能大國或核災難民的選擇」並非危言聳聽，核災是 20 世紀出生的人送給 21 世紀出生的人揮之不去的最大惡夢。方儉敲下了醒夢的警鐘。

魯台營（高雄市綠色協會理事長）：

好一個「多元含意」標題的書名。2009 年八八風災，方儉兄帶著存疑來到高雄專程拜訪我，開始了我們對台灣環境自然甚至於「人為」災難的共同學習歷程。災難讓我們反省很多，也進步很多，當然我們更看到政客不但沒有反省，反而變本加厲！太多人都知道台灣急需改變，但大家都怨天尤人，束手無策，於是不抱希望！這本書的出版讓我非常

興奮，方儉靠著他記者歷練的文字能力與鍥而不捨的堅持，寫下這本對台灣「務實」的期望，我不需恭維，但要極力推薦！因為我強烈期望這本書能喚起「台灣往正面改變」的引線！

自序   因為電……

> 我主張，電是基本人權，人人都有發電、用電的自由，應該
> 受憲法保障；如果用電天賦人權沒有憲法保障，則所有人權
> 不可能受到保障。

在寫這本書的時候，我重新認識了電，同時認清了環境，也認清了我自己。

我不反核，我一直對核電提出的質疑，是因為我太愛電，愛之深責之切。社會把我歸類成「反核社運者」，其實我沒有那麼高尚的情操，只是因為我不想因為核災、核廢料，而剝奪了我用電的機會，讓人類仇視我最愛的電，並且也毀滅了這個家園。

正如 1990 年我出版《核能馬戲班》的自序，「別以為我是反核者，只是基於自私的理由……」過了 25 年，我沒什麼長進，還是自私，正如廣告人孫大偉為馬英九 2008 年大選包裝的競選口號：「一路走來，始終如一」，我是「一路走來，始終自私」。

吾友孫大偉過世前最後一次談話是因為我質問他為何幫陳文茜製作《±2℃》，因為我認為那部紀錄片是「紀錄騙」，太多問題了，甚至我也編了劇本，可惜沒拍成。孫大偉不太好意思的說：「因為我在贖罪，太喜歡吃牛排，所以排放很多二氧化碳，才幫忙拍了這部紀錄片。」

「大偉，別擔心，就怕你吃的牛不夠，如果安格斯牛被你吃成像犀牛一樣，快絕跡了，就是消滅排碳源最好的方法。」我說。

太多人被環保騙子洗腦，讓吃肉、用電、排碳都變成個人的罪惡感，因此可以為惡。「氣候門」被維基解密揭發後，發現所謂全球暖化的「證據」其實很多是捏造的，研究數據是被變造的，其背後的線索指向核電與核武工業。[1] 他們靠騙局、恐嚇、販賣罪惡感，經營更大更邪惡的陰謀——核電復興。這結果是反核的人都要先花很大的力氣去推動節電，好像用的電是偷來的，少偷一點，少點罪惡感。

空氣陽光水與電

空氣、陽光、水，是過去的生命三要素，現在要加上第四件：電。

電是人發的，不是自然的，但是我認為電絕對是天地人合作的產物。因為地球上除了地熱外，大部份的初級能源都是太陽來的，包括光合作用的生質能（石油、煤碳是儲存了遠古的生質能），太陽光能，太陽熱能，大氣對流產生的風能，而這些來自天的能量，必須結合地的磁場，與人的參與，才會變成次級能源——電。

電是結合了天地人的要素，19世紀發明了電機，到了21世紀，電更是統治了人類，如果今天全世界沒有電，立刻回到比石器時代還可怕的世界，所有現在文明社會的秩序瞬間瓦解，天上的飛機會撞機失事，

1　編按：氣候門（climategate），2009年有駭客入侵英國氣候研究小組（CRU），從中竊取文件並流出，1996年後的一千封郵件被盜取，在維基解密（wikileak）公布。從文件中看出，氣候小組誇大了全球氣溫上升變暖的數據，將研究數據竄改，企圖將溫室效應歸罪為人類的碳排放行為。事實上，地球暖化的原因是複雜的，主要是一種自然的現象，不單純是因為人類碳排放的原因。由美國發起的這項低碳革命，和其後帶來的新能源經濟，主要是為了擺脫對石油的依賴，使世界轉移到對核能等發電技術上，因美國在這些面向有雄厚的技術實力。

路上的交通號誌失效，汽車無法加油，銀行裡的錢無法使用，自來水無法打到水塔，水庫的閘門無法開關，所有通訊、網路中斷，醫院的急救設備無法運轉……比在電梯裡停電更無數倍可怕的事。

Black-out，是電廠全黑的術語，沒有電，21 世紀文明就會熄燈。

女人、男人在無聊的夜晚，都有拿著電視遙控器掃射各個頻道，選不到自己想看的節目，還有比這更無聊的嗎？有，用電。台灣有幾百台發電機，我們根本無法選擇用哪個發電機，除非是停電用的緊急發電機。我們根本沒有選擇權，因為電視台的節目或發電廠的電，這是完全獨裁體系下的產物。

就算是總統，台灣權力最大的男人，也沒有權力把每天罵死他們的電視頻道從他家的有線電視中刪除不訂。即使富甲一方捨命反核的宜蘭人文基金會董事長陳錫南，都沒有能力把核電從他家的電表剔除。

連有權、有錢的人都無法選擇的事，就代表背後更大的獨裁力量。

在現代資訊社會中，無論有線電視頻道，或是電的種類，都有技術可以讓消費者選擇的，只是背後的獨裁者不想放而已。

我主張，電是基本人權，人人都有發電、用電的自由，應該受憲法保障；如果用電天賦人權沒有憲法保障，則所有人權不可能受到保障。

預見電力電信結合的未來

我可以預言，未來幾十年人類社會最大的改變會是電力與電信這兩個產業板塊的擠壓、合併與分裂。看一看谷歌不斷地在投資電力，微軟比爾蓋茲和日本東芝合作新核能，加拿大魁北克電力公司蛻變成為電信公司，超超高壓直流電網的興起，再生能源逐步替代傳統能源，這些事件、事實，都是在電力與電信大規模整合前的前兆。

　　如果你不信，看一看你的智慧型手機就知道了。USB 充電電線，連到電腦上，電腦可以供電與資訊給手機，讓手機和外界除了電話語音外，各種數據、程式、應用軟體都可以上下載，立即發揮許多我們過去連想都沒想到的功能，像是手機可以透過網路遙控電視、電燈，連結監視器畫面，上網購物、訂票……，還有許多行動裝置可以搭配，讓我們的生活可能更便利，也可能更複雜，同時創造了不少就業與創業的機會。

　　未來真正的智慧電網，可以把電力與所有的電腦串聯、併聯起來，有如一個無所不在的超超級電腦，像是電影《駭客任務（Matrix）》中的 Matrix 母體，透過頸椎後的臍帶供應並取得人類的能源與智慧。

　　就如現在社會的場景，常常超過 20 年前科幻片所能想像的，在捷運上、高鐵上，人人一台手機、平板，可以隨時隨地和地球上任何一個角落的人通話，獲取各地的資訊。

　　如果插座就是數據出入口，如果家中的電表就是行動電話、網路的無線基地台，所有的電器用品都能上網，可以被我們操控，這就是 Matrix 的世界。主人是誰？如果我們什麼都不做，財團、政客就是主人，如果我們今天覺醒，主人就是我們每個人自己。

　　這不是今天、未來的事，而是昨天，甚至百年前就能發生卻未發生的事。如果貝爾和愛迪生合作，這事在 100 年前就發生了。在物理、工程的技術上，這不是科幻，而是事實，電線同時可以是數據線。如果能夠事先洞見未來的世事，我們必須讓電力與資訊民有化，不是民營化、私有化、國營化，而是真正透過網路的能力，讓每一個人都能立即表達自己的意願與意志，集體來指揮、運作這個社區、公司、社群、國家。

　　過去百年的電業發展，把每個人天賦的發電權、用電權給剝奪了。

　　幸好百年前的美國大資本家 J.P. Morgan 沒有洞見百年後的世界，野心與私欲蒙蔽了他，雖然他併購了愛迪生電力公司（後來的奇異公司），

和西屋公司，也是貝爾電話的大股東（後來的 AT&T 美國電話與電報公司），他沒有把電力與電信產業結合，否則今天我們就生活在資本家控制的 Matrix 中，完全被控制。

發電是基本人權

我寫這本書，是要喚醒大家，每個人都能夠發電、應該發電、必須發電，同時擁有自己的資訊、自己的權力，而不是等著讓臺電、政府的「施捨」，我們可以選擇用什麼電，當然可以拒絕核電，這是我們的基本權力。這權力要從自己發電開始。

無能政府反映的是台灣人的貪婪與愚昧，立法院只有媚俗、巧言令色的立委，他們都是我們集體塑造出來的，但大家以為權力是他們的，靠他們「爭取」權力給我們，錯了，這是我們給他們的權力。

上天賜予台灣人無限的風光，每個人的屋頂可以太陽能發電，也可以風力發電，結合起來，這些電是我們每年用電的 3 倍以上，再加上本來就發電過剩的火力電廠，台灣的電怎麼會不夠？難道我們打算把太陽能、風力省下來給後代子孫用？（可能馬英九會說：對！）

台灣未來的前途是在網路與電路結合的世界，台灣是世界上最能做到的地方，因為台灣的電子產業密集度是全世界最高的，人才也最多，同時拜臺電和長期專制政府之賜，台灣是舉世無雙的單一電網，串連了 2300 萬人，如果 2300 萬人透過電網網路，一起共同擁有電力與資訊，一個美麗新世界，就會在前方不遠處。

前言：見習災民手記

88 風災後，我對台灣的土地完全改觀，對台灣人的人性也完全改觀。

2010 年 1 月，我的 50 歲生日那天，坐在高雄甲仙小林村的遺址，望著潺潺流水，在 4 個月前，這裡 5 百人在一瞬間被從天而降的土石洪流，自獻肚山頭鋪天蓋地的壓下來，再也見不到他們的親人。

什麼是「五十知天命」？什麼是我的天命？飄飄蕩蕩的過了一生，回想起來這一生算是「華麗」，經歷了許多人好幾輩子才會經歷的事，老天爺對我是非常寬厚的，逃過幾次一髮千鈞的劫難，這條命也不算白活了，可是我的「天命」在哪裡？

忽然間，我想重新認識這塊我自認為熟悉的土地，天命不在天，而在地。我決定：回家。

難民世代

我是一個來自外省家族的後代，這裡的「外省」不是臺灣人和中國大陸的外省，而是各個省的外省；據我所知，我的家族已經逃了好幾個世代，以我母親和她的兄弟出生地就可以知道了，我母親生於江西南昌，大舅生於成都，二舅生於重慶，小舅則生於上海，這一家的姊弟彼此都

是「外省人」，這都是戰亂造成的。母親的家族歷經太平天國、革命、北閥、抗日、剿匪、流亡到臺灣。

以前外公在世時，常說逃來臺灣前，他是空軍，可以搭乘飛機，在上海臨走時，看著一箱等重的黃魚（金條）、袁大頭、金飾，和一袋米，本來以為臺灣很窮，可能沒有吃的，就選擇那一袋米，本來以為一袋米沒吃完，就可以回家了，但是沒想到後來回不去了，更沒想到的，他搭飛機進入臺灣上空，映入眼簾的是一片綠油油的稻田。更悲情的是，他留下積蓄、金銀細軟，給小姑奶奶保管，共軍入滬時，卻成為小姑奶奶家中的禍事，這是我外公過世多年後，家族重逢時才聽到的辛酸故事。

自幼寄居外祖家，沒聽過床邊故事，只有長輩們驚險的逃難時故事，造成我一生中不安定的「印痕」。我父親家族只有他一人來臺，他從山東逃難上了一艘破漁船，在海上向南漂流多日，一路上聽到淪陷的消息，意外的落腳臺灣，在外公家中的老兵們也一直述說他們各自的逃難、戰爭的經歷。

1988 年 9 月，我藉探親名義到北京採訪國際科聯總會第十屆大會，為了怕回臺灣有麻煩，所以真的返回江西萍鄉探親、掃墓，不去還好，去了才知道父親的家族比母親的家族更悲情。父親說他 1947 年離開老家時，是一個有四百多人的大家族，但我 1988 年去老家時，家族全部一起拍照，算一算只有二十幾人，其他人都死了、散了，原本贛南客家庄富麗堂皇的祖厝，也成了外人聚居的大雜院，只有「破敗」可以形容。

我花了兩天才從北京趕到老家，當晚我住在父親同輩僅存的伯母家中，我床邊是豬圈，這算是很好的客房了。第二天一早，掃完墓，告別親族，就走了。回臺灣後，父親看了我拍的照片、錄影帶，一句話都不說，只是淡淡的說：「以後你也不用再去了。」過了一個月，父親診斷出肺癌，再過了 14 個月，1990 年 1 月，父親就去世了。彌留之際，我

問他想不想回江西老家，他搖了搖頭。我就再也沒回過他的老家，因為臺灣才是他和我的家。

百人家族的凋零

中國內戰，讓我的家族離散，臺灣海峽隔絕了家族的音訊，因為家族深厚國民黨的背景，留在大陸的家人都受到株連，回到中國，親戚都不提過去 50 年的種種，只說「回來就好」。

我母親的姊姊，我的大姨媽，解放後，她的境遇活脫是許鞍華導演，斯琴高娃、周潤發主演的《大姨媽的後現代生活》的原型，從上海下放到東北，歷經千辛萬苦又回到上海，過去辛酸的往事，她絕口不提，只說：「還是理英（我母親）的命好啊。」直至她過世，我才知道我還有素未謀面的姨丈和一個表哥，她生前從來也不說這些。

父親家族的人更慘烈，親族間都無人述說，何以一個數百人的家族過了六、七十年只剩下數十人？我有位表哥，姑姑的兒子，只留給我一個三代人名的「家譜」，以前的家譜早就沒了，一個幾百年的家族，就這樣子在歷史上凋零了。

從小，我的家庭與學校教育，就沒有把「臺灣」放在心上。冬天我怕冷，外公就說：「穿那麼多衣服，回大陸下雪了，你怎麼辦？」回家，是長輩的第一志願。

長大後，長輩們越來越清楚回不去了，於是開始移民，江浙人的海外關係本來就比較多，親戚們一個個移民美國、加拿大，最後只剩下我一家，和一輩子未婚的二舅。

80 年代聽到羅大佑《鹿港小鎮》唱到「臺北不是我的家」，我笑了一笑，「臺灣都不是我的家了，更何況臺北？」

走了 10 年的歸鄉之路

從 1986 第一次出國就不打算回來，沒想到一年多後就回來臺灣，當記者，還參加環保運動，在環保運動中我是少數的外省人。其實也滿奇怪的，甚至有親戚警告我，你做什麼我們不管，但是別妨礙別人賺錢。我們這群牙刷主義者，本來就是走到哪吃到哪的，管什麼 table manner。

我並沒有因此而退卻，反而是到 1995 年後，發現自身的能力與見識有限，在認識國際標準化組織技術委員會 ISO/TC 176 主席 Reg Shanghnessy 之後，更覺得自己很空。1994 年的一次機緣，讓我放棄原來環保運動的工作，走向國際標準化、全球採購、品質管理、認證與培訓之路，這趟旅程花了我 10 年的時間才走完。

看到女兒一天天長大，在學校被歸類成「單親家庭」，因為從她上小學後，大部分的時間父親都在國外，我一年住旅館沒有 300 天，也有 200 天，常常醒來還要想一想：我現在在哪裡？加上自己工作夥伴的猜忌和美國品質學會內部的歧見，我決定回臺灣。

回臺灣我想做些事，成立了《天母合眾國》社區雜誌，希望能夠用社區文化的力量做些改變，因為天母是我女兒的故鄉，她比我幸運，我從小到大，住過陸海空警的眷村，到處跑，她和太太一直住在天母，我該為女兒的故鄉做些事吧。

但是回來的不是時候，天母社區與商圈的沉淪，已經啟動，我明知難以做好這社區雜誌，還是做了，但做之前就已設下停損點：如果有 100 個人對我說：「天母就靠你了。」我就停止。過了 2 年半，我停了。

天母原本是一個鳥不生蛋的地方，從「三角埔」這個原地名就知道了，完全是在美軍協防司令部與美軍顧問團的「關照」下而形成的「軍管殖民地」，早期天母路上常見美軍的憲兵軍在巡邏的。

2009 年 8 月 8 日和立法委員田秋堇在日內瓦見到達賴喇嘛，原來想邀他與蘭嶼達悟民族在 2010 年地球日進行一場「達達會」，沒想到當天在台灣發生近年最慘重的莫拉克颱風。21 天後，達賴出現在高雄小林村災區現場，我也再沒有提「達達會」的事了。

　　我是 1988 年底為了去榮總治療父親的肺癌，才搬去天母的，當時還是美軍眷舍林立的尾聲，10 年內一切都轉變了，天母在臺灣人的經營管理下，變成永和的發展模式，什麼都放進來，完全沒有規畫，只有炒地皮。

　　辦社區雜誌是希望讓社區的事成為「大家的事」，既然越來越多的人把它當成我的事，我不做總可以了吧。

　　天母其實是臺灣的縮影，天母總統投票的分布比率，和全臺灣的平均比率十分接近，因為天母是一個典型的移民社區，我從「天母人」的言行中，可以找出臺灣人的輪廓。

　　2009 年 7 月我結束了《天母合眾國》，8 月初受達賴喇嘛西藏宗教基金會之邀去日內瓦，本來我想邀請達賴到臺灣，或是視訊，和蘭嶼達悟民族在 2010 的地球日來一場達賴與達悟的「達達會」，8 月 6 日面見達賴時，我提出了想法，他說可能沒有機會，馬英九總統不會同意的，

我說：「世事難料。」沒想到過了兩天，發生八八風災，接著 8 月 9 日小林村滅村，8 月 29 日達賴受高雄市政府的邀請來臺宗教祈福，這不知是天意，還是巧合。

上了一場臺灣人文地質課

8 月 24 日下午我在高雄文史工作者鄭水萍先生的陪同下，進入小林村，去了小林村之後，轉往龍鳳寺，進入寺內聚會的場所，嚇了一跳，慈濟的師兄們拿出永久屋的模型，像是預售屋一樣，向災民推薦（我不願用「推銷」）未來進住永久屋的好處，縣長楊秋興在旁邊敲邊鼓，並要求災民盡快決定。

我不懂地方政府在急什麼？想把災民這個燙手山芋丟給慈濟嗎？

我後續與災民共同生活了一段時間，主要是我的「難民基因」作祟，準備有一天也要逃難了。

我不知道我過去去過許多次的高屏溪上游翠綠的山林，有如世外桃源，的確當地有「桃源鄉」，如何會變成猙獰噬人失控的巨獸，我看到旗山溪、荖濃溪兩旁崩落的山壁，和不斷滾落的巨石，心中只有原始人面對大自然的恐懼。真的有太多意想不到的事，這也代表我根本不了解這塊土地。

幸而在鄭水萍、高雄綠色協會魯台營，和臺大地質系博士謝孟龍的指導和現場解說，我半年內上了一課臺灣人文地理與地質課，謝孟龍是研究「河川演育」的，他有第一手的證據。

八八風災後的高屏溪

八八風災後的高屏溪，有如滿地開腸破肚傷兵的戰場，要研究臺灣的地質，這是絕好的機會。謝孟龍帶著研究生跋山涉水，我也跟著跑跑龍套，旁聽一些，原來八八風災的悲慘現場，在地質歷史證據下，根本是小case。過去千年、萬年都有比這更大更凶猛的土石流、山崩、堰塞湖。

像桃源鄉勤和村越域引水的現場，土石流埋了高達 30 公尺，連原來的吊橋都只剩下吊橋頭，但是當地的地質證據顯示，1 萬年前還有超過百公尺的土石流。

謝孟龍解釋：「1 萬年前是盛冰期，正是冰河最強大的時候，那時候沒有全球暖化，也沒有人類開發，這是臺灣地質的自然本性。」

我們都同意，這麼大的土石流，不是人類能夠造成的，是天生如此，雖然濫墾濫伐非常不應該，但是把罪過責任都推給他們，是完全不負責任的事。

過去我只有偶爾注意到「臺灣處於歐亞板塊與菲律賓板塊間，地震頻繁」，但是沒有深刻的認知，現在我完全了解了。八八風災後的山林「肚破腸流」的場景，頓時成為一本展開的巨大天書，把萬年來臺灣河川演化發育的歷程展現在人類的眼前，這是老天給我們最好的啟示。

而臺灣人完全不把這些放在心上，我花了一段時間了解越域引水和小林村的滅村是否有關。越域引水是把阿里山山脈東面的荖濃溪水引到西邊的旗山溪，全長約 12 公里。除了鑽鑿，還要用炸藥炸，根據紀錄，已經用了 45 噸的 TNT 去炸山。

當時的水利署長陳伸賢一口咬定小林村滅村與越域引水工程無關，因為相距 11 公里，他又說這是千年一遇的洪水，超過 200 年洪峰設計，是天災。這段證詞很有問題，因為第一，小林村到越域引水東口走臺 21 線的確是 11 公里，但是從地質上，要看直線距離，離越域引水的隧道只有 7 公里，而距離崩落的獻肚山山頭這個第一現場只有 2、3 公里。

而所謂「千年洪水」也是毫無根據，在水土保持上，最多推算只有200年洪峰，這是用外延法推算出來的，根本沒辦法推到千年。

越域引水東口的勤和村，和西側的那瑪夏鄉民與小林村村民都說工程炸山連連，每天地都在震，這樣的情況，原本就有「深層崩壞」地質條件的獻肚山，如何不會崩落？查閱越域引水工程的環境影響評估，當初評估根本沒有考慮到這點，更沒有調查臺灣千年或萬年的土石流情況，這也難怪施工單位的 15 人全部罹難。

我耳中不斷響起「天作孽猶可違，自作孽不可活」的古訓，環境影響評估不是用來保護環境的，是防止大自然對人的傷害，只有無知的人會認為人類有能力保護環境。

八八風災後，我對臺灣的土地完全改觀，對臺灣人的人性也完全改觀。

臺灣的土地是如此脆弱，如此險惡，任何時間的突如其來的地震可以奪走我們或我們所愛的人的生命，與其說「愛臺灣」，不如說，為了我們所愛的人，我們要更了解臺灣的土地、海洋、天空，小心被臺灣動盪難安的土地吞噬。

工程永續，永續打劫

我們都知道臺灣地震多、颱風多，地震與颱風帶來再大的災難，都不算「意外」，這是臺灣特產，我們必須承擔。所有的災難，都是人禍。

我看到政府官員與政客相互爭功諉過，爭權奪利，趁著八八風災，立刻訂定「特別條例」，就像馬英九說的，「我們要用更多的鋼筋水泥，在災區重建。」但是水泥絕對擋不住任何一次的地震、颱風，只是讓更多的預算投入土石流中，讓奸商、貪官樂在其中，正如魯台營一再說的，

這是「工程永續」——永遠有做不完的工程。

　　人民受政府與政客之害，原本應該覺悟，自救救人，但是卻還是依賴這些強盜的保護，注定也是「永續打劫」，不斷的被打劫。

　　我看到宗教、慈善團體的進駐，有些真是令人感動，但部分團體，特別是大型知名團體，有如禿鷹，趁著災難圈錢圈地，甚至宗教相爭。原本篤信天主教、基督教的原住民，現在越來越多人，開口「阿彌佛陀」、閉口「感恩」。

　　災民的境遇則更淒慘，我在小林村蹲了快半年，住在倖存者黃金寶家，看到許多原本不想對外人道之事。災民的補償，是以家中死亡人數為基數，這補助一事就走樣了。像黃金寶家沒有人死亡，只能領到少數的慰問補貼，而他家原有的生計，全部斷絕，一家六口，都需要生路。某些人則是一人倖存，領取了幾千萬的補償金，一夕致富，花天酒地，連村民都說：「小林村的人現在在外面風評不好。」

　　更有無數起家庭爭產糾紛，為了救災物資、救濟金的分配，或是後來倖存者與自救會的矛盾，人人猜忌，相互攻訐、骨肉相殘，原來是生死患難的鄰居，一夕老死不相往來。我身為外人，看了心如刀割，因為我和他們沒有利益衝突，也根本幫不上忙。

　　我在小林村的期間，想找社工、法律扶助來幫忙進行心理輔導，調查生活史，建立檔案，作為未來扶助的參考。我是勵馨基金會的顧問，拜託執行長紀惠容和南區服務處主任張乃千，因為小林村沒有社工協助，是否可以派人幫忙，結果勵馨基金會向我道歉，表示愛莫能助，因為高雄縣政府規定，各災區由指定的團體負責，勵馨的社工進不來。

　　至於法律扶助的辦法，也值得檢視。法扶的原則應該是扶助弱勢需要幫助的，小林村民收入低、教育程度低，本身對自己的權益就一知半解，過去討生活也常在法律邊緣，他們是最需要幫助的一群，但是法扶

基金會的原則是「不告不理」，災民的需求要由災民提出，符合規定，才能辦理。

　　八八風災對我，不只是山河開腸破肚，也是人性的開腸破肚。2011年後，我大概每隔一年半載會回小林村一次，好像是回家探親，我把小林村也當成自己的家。我會到小林村的遺址，像孤魂野鬼一樣遊蕩一陣。我生命的一部分，會一直留在旗山溪畔。

第一篇　福島之後

和臺灣核一、二廠比起來，福島根本不夠看。核一、二廠在大屯山（陽明山）北側，大屯山是火山群，山麓溫泉、硫磺礦眼密布，核二廠的反應爐核島正在兩口硫磺溫泉眼上，可知當年的地質探勘說有多粗糙就有多粗糙。現在更證明核一到核四全在活動斷層上，無一倖免。

1. 從福島到布魯塞爾

進入福島管制區後，雖然已是初夏，穿著短袖總感到透骨的
涼意，因為這裡沒有一點人氣。……是一片寂靜，甚至連蟲
鳴鳥叫都不常聽到，讓我想起瑞秋‧卡森的《寂靜的春天》。

2013 年初，一位素昧平生的日本網友神道聖雄在臉書上問我，要不要去福島，我毫不猶豫的回覆給他，想去，但不通日語，行不得也。他立刻回覆，如果我訂好時間，他可以陪我去。於是我開始籌劃去福島。

2011 年 3 月 11 日日本東北大地震，海嘯，死亡逾 2 千人，是南亞海嘯後的驚人災變，而且發生在被我們認為是最有憂患意識，防災最周全的日本。

更沒想到的，日本的福島核電廠 4 部機組相繼爆炸，3 座反應爐熔毀，成為日本歷史上第 3、4、5 次核爆。災難發生時，我在北京、上海出差，看到中國央視新聞 24 小時的報導，一開始時核工專家說核電廠不會有事，就算有事，輻射也不會外洩，因為設計如何周全……還沒說完，日本 NHK 的快報就說福島核電廠外測到輻射；專家說，不用擔心，這是正常洩壓，沒多久，NHK 又報導輻射過量，必須撤離當地民眾。專家說，這是預防性的措施，不用多久，就會恢復正常。

接下來專家每說不會發生的事，不久就發生了，後來那位專家再也沒出現了。中國民眾再也不信什麼專家了，大家瘋狂搶鹽，越是專家在電視上大聲疾呼不必緊張，由北向南搶鹽搶得更凶。其實這是完全沒有緣由的恐慌，因為專家公信力破產，導致人民只能反行其道。網路上笑傳中國人是「鹽荒子孫」。

看看臺灣，馬英九去視察臺電核一廠防海嘯閘門。據我所知，那是40多年前就設計的，在最初設計根本沒人想到什麼海嘯，閘門就是閘門，忽然變成「防海嘯」，實在是很「好笑」。

結果不令人失望，「防海嘯閘門」為了證明自己「不防海嘯」，在到場示範啟動，果然不動如山，「海嘯干我何事？咱不幹這點破事兒！」奇異公司設計的閘門，例不虛發，名不虛傳。

馬英九為了證明自己符合孫大偉設計的「一路走來，始終如一」的競選八字箴言，所以一路下來挺核到底，不論核電廠出再大的紕漏，他都無怨無悔，相挺到底，亡國滅種，在所不惜。

2013 年 5 月 25 日：進入福島

2013 年 5 月 25 日晚上，神道勝雄和我到了福島市，走出車站，拿出準備的 Thermo 和 Inspector 輻射偵測器，立即發出紅色警示燈與急促的警報聲，我和神道想拿出口罩，看到路上衣冠楚楚的福島人個個神色自若，沒有一人戴口罩。

好吧，「今天我是福島人，老子不戴口罩！」免得被笑是膽小的外地人。

當時正值大學畢業，新人入社的時節，按例新人要受到灌酒的洗禮，好幾個身著黑西裝的年輕人倒臥在路旁，或對著水溝嘔吐，我測了

輻射，驚人的高，是正常背景值的數百倍。（註：正常背景值是每小時 0.01 微西弗，福島市的水溝處可高達 3-6 微西弗／小時。）

奇怪的是，在福島旅館裡的輻射相當低，比臺北還低。原來日本的旅社都時時吸塵，所以室內的輻射就降下來了，福島的旅館都張貼室內、室外輻射值，有顯著的差異，可是你不可能整天都待在房子裡啊！

在福島市碰到一名自由撰稿記者田上，田上的兄弟是日本自衛隊，他的動作也像軍人，在福島核災後，他第一時間和自衛隊一起進入災區，自衛隊的核生化部隊教了他許多輻射知識，他教我要如何測輻射，避開輻射匯集的地方，像水溝、草叢等低濕之地。

「如果你知道輻射的特性，就可以減少暴露的機會。」他也不帶偵測器，但走路不靠邊走。他在飯館村蹲點，收集資料，當晚在福島市是要回東京，先在福島休息一宿。

「外面都說什麼福島五十壯士，但是真正去救的，還是自衛隊。那些英勇的自衛隊兄弟，今天不知如何了。」在居酒屋中酒過三巡，田上吐露了一些心聲。

還有百萬人住在低汙染區

5 月 26 日，我和神道在福島市租了一輛豐田 Prius，先向北去仙台、氣仙沼，因為震災開始時，給我最大的印象是仙台機楊的飛機像船一樣被海嘯推著走的畫面，還有氣仙沼市的天然氣爆炸，我第一反應是這「沼」還真有點道理。從福島市去仙台，要先向東，再向北，福島市在福島核電廠西面 60 多公里，越往西，輻射濃度越高，我們在車裡面，儘量不下車。依照國際原子能總署輻射防護的規定，福島市應該不宜居住了。但並非如此。

美國訂出半徑 80 公里的撤離區，還真是有點道理，80 公里內大概全都超標，但是還有超過百萬人住在所謂的「低汙染區」。

沿海向北走時。輻射漸淡，到了仙台，幾乎測不出什麼異常的輻射，比臺灣大部分地方還低。這顯示日本原來的輻射背景值是很低的，若不是福島核災，天然輻射值比很多地方都低。

26 日晚間想要找旅館，竟然在仙台、氣仙沼一帶都沒有空床位，因為這裡住了無數災後重建與核電廠的包商，大筆的經費讓所有的旅館都被包下來了，我們只好開車多跑了 40 公里，才找到僅存的兩間房間。

看來救災的熱錢也能夠提高國民所得，居酒屋裡也都是人，神道擅於交際，很能和陌生人搭訕，在居酒屋中的日本人比較放得開，什麼都可以說，也可以旁聽到許多，透過神道的翻譯，居酒屋成為我最好的了解民隱的資訊站，後來幾天，天天晚上泡居酒屋。

當地人不多，大多是外地人，好幾家居酒屋的老闆原來想逃走的，但是眼看還有生意，把小孩、老婆送到關西、鹿兒島、北海道，自己開店。在福島市的居酒屋店長，原來是飯館村的居民，因為飯館村的輻射太高，把小孩送去京都後，跑到福島市接朋友的店，朋友不想住在福島，搬到名古屋去了。

5 月 27 日，我以《今周刊》記者的名義，成功申請到進入浪江町、雙葉町、大熊町這幾個核電廠「原鄉」的通行證。日本政府為了表示福島安全，準備在 5 月 30 日全面開放災民返鄉。

在二本松市的浪江町流亡町公所，我們拿到了人員與車輛通行證，負責發放通行證的人還耐心講解如何使用他們提供的輻射測量器，並告訴計算方法，並一再強調低劑量輻射無害，但不要在裡面待太久，能早點出來就早點，不要晚過 4 點半，天黑了，迷路或撞上動物都很麻煩。

另外，他也囑附我們，因為災區有很多人走得匆忙，家中都來不及

收,所以有很多小偷進入災區偷竊,像我們這樣兩人組,很容易被懷疑,不要亂走,以免被警察誤會。

果然我倆不時會被巡邏的警察盤查,好在臺灣護照在災區很管用,大家都很感謝臺灣人的援助,一聽是臺灣人,就格外親切。

寂靜的無間地獄

《地藏菩薩本願經卷上》:「如是等輩,當墮無間地獄,千萬億劫,以此連綿,求出無期。佛曰:『無間有三,時無間、空無間、受苦無間。犯五逆罪者永墮此界,盡受終極之無間。』」

《涅槃經》:「阿者言無,鼻者言間,為無時間,為無空間,為無量受業報之界,故阿鼻地獄亦稱為無間地獄。」

進入管制區,空氣都不一樣,我們經過無數個學校,空蕩蕩的校園、校舍格外悲涼,因為這原來是兒童、青少年囂鬧歡笑的地方,現在連個鬼影都沒有。

管制區內石蒔田行政區,有一個路牌:「福島的福,是幸福的『福』」,看到這一幅景象,或許有一天在臺灣某地會出現:「福爾摩沙的福是幸福的『福』」,而這「福」,卻成了「輻」,好不諷刺。

如果是鬼,可能也不想在這裡沾染「輻」氣吧。雖然我一向不忌鬼神,進入福島管制區後,雖然已是初夏,穿著短袖總感到透骨的涼意,因為這裡沒有一點人氣。連鬼氣、妖氣都沒有,是一片寂靜,甚至連蟲鳴鳥叫都不常聽到,讓我想起瑞秋‧卡森(Reachel Carson)的《寂靜的春天》(Silent Spring),只是沒想到在核災的災區,我有了這種體驗。

日本東北的初夏天氣宜人,陽光燦爛,對照關閉的學校、郵局、派出所、餐廳、理髮廳、Pachinco(小鋼珠)、卡拉OK、酒廊、風呂(浴

場）、車站、汽車賣場、7-11、全家便利店……全部都整整齊齊，好端端的在那裡，空無一人。

「這應該就是無間地獄吧！」核電從 E=MC² 的公式而來，E 是能量，M 是質量，C 是光速，人類為了換取能量，失去了時間與空間，就成了無間道，永世不得輪迴超生。

沒有想像中阿鼻地獄的哭喊哀號，也沒有牛頭馬面，平靜的綠野平疇，小橋流水人家，斷腸人在天涯。

佛經説：五逆罪：殺父、殺母、殺阿羅漢、出佛身血、破和合僧。這是壞事做絕了。核電者，即集五逆之大成，為了一點可以忽略不計的能源，無所不殺，而且殺之無形。

福島核災區根本沒有人能夠再回去，我碰到浪江町的副町長，他說還有一些老人想回去，所以政府就告訴大家只要除汙完成，就可以回去，日本政府根本不想承認錯誤，還申辦 2020 年的奧運，首相安倍晉三說：「everything is under control」，並以悲情催票，終於獲選，這都是「障眼法」。

我告訴浪江町副町長和雙葉町町長，千萬不可有此想法，因為這正好中了政府的詭計，害得年輕人被老人綁住，沒有機會出去發展。「可是我們想回家！」這是許多老人的心聲。來福島前，我們先訪問了在福島拍攝紀錄片兩年的導演飯田基晴，他製作完災區的殘疾老人紀錄片後的感歎。

直闖福島

「去看看能不能接近福島第一核電廠？」

「闖闖吧，走到哪算到哪吧。」

在 Prius 車裡，緊閉著車窗，我和神道都全程戴著口罩，輻射偵測器的紅燈一直閃著，甚至一直長紅，這代表當下在車內的輻射都超過安全限值每年 1 毫西弗的濃度。我關掉了偵測器上的警報聲效，因為太刺耳、太吵了，我和神道都快瘋了。

隨著數值的高低，我們逐漸麻木。正常環境背景應該在 0.1 微西弗／小時，原來我們看到每小時 1 微西弗／小時，就已經非常「興奮」，在福島市還測到 6 微西弗／小時，我們已經吃不下飯了。進入官方限制區，即使在車內，也經常超過 10 微西弗／小時。

神道抽菸，菸癮不大，但是因為在浪江町、雙葉町經歷了大量輻射的轟擊，心理產生極大的壓力，他對菸產生了依賴。

「他媽的，這輻射比菸還毒，抽菸吧。」一到 1 微西弗／小時以下的地方，他就停下車，在路邊抽菸，原本不太抽菸的，現在每半小時就要找地方抽一口。

經過一個山谷，輻射量忽然逐漸增高，我決定來一探究竟。路旁的標示牌寫著「大柿水庫」，原來這裡是水庫，我在路邊測了一下，輻射高達 60 微西弗／小時，如果我在這裡住一年，就吸收了平時背景值近 600 倍的輻射量。如果我在這裡只要一天，就受到 2 年的輻射量。

「別再留在這裡，走吧，趕快走呀，我還想再生孩子！」神道慘叫著躲回車裡。我上車前，用膠帶把鞋底、鞋面、襪子、褲管，以及雙手和儀器都黏了 3 遍，以確定沒有輻射物跟著我，口罩也丟在當地，換了一個新口罩。

「還要再走下去嗎？」我問神道。「已經走到這裡了，退回去也是一樣，走下去吧。」大柿水庫剛好在福島第一核電廠和管制區之間，進退維谷，好吧，直奔福島第一。

在安靜的 Prius 車上，我們沉默了，我們都害怕，不知到下一站會

碰到什麼。偵測器很盡職的工作,紅燈閃爍的頻率越來越高。過了不知多久,離開山區,走入濱海公路,路也平了,看到路上有些修路工人,全身武裝,有人在清除受汙染的草木,有人在重新鋪路,很多的農地、馬路的土都被換過了。

我們被警察攔下來,盤查身分,臺灣護照再度發揮作用,年輕的警察向我鞠躬,放行。一路上看到許多警察,從他們的制服、警車的標誌,他們來自日本各地,這些警察都很年輕,在口罩後面年輕的眼睛中還充滿了熱情。相對在那裡工作的工人,則是中、老年,目光呆滯無神,根本不在乎旁邊發生什麼。

在 6 號公路上看到了往福島第一核電的路標,神道問也沒問便左轉進入,路上看到全身被白色防護服包得嚴嚴實實的工人,沒有人管我們,一直開下去,3 分鐘後,我們到了福島第一核電的大門口。

一路上我一直按著照相機,後來檢查照片,每一張都糊糊的,拍了40 年照片的我,還第一次手抖到這種程度。

我們在大門口繞了兩圈,都沒人管我們,「要不要進去看看?」看到大門口有警察,檢查每一輛進去的車輛。

「我看混不進去的,別惹麻煩,走吧。」

退出福島第一核電時,注意到路旁有很多奇異、日立、三菱、東芝等公司標誌的房子、車輛,這些核電公司這下子更發了,他們過去賣核電廠,吃香喝辣,三哩島事件後,開始走下坡,2007 年奇異公司的核電部門乾脆賣給日立,變成 GE-H,現在臺電所謂與奇異公司的合約,其實是日立。

長期採訪日本黑道的調查採訪記者鈴木彥智在 2012 年出版了《核電與黑道》,鈴木扮成工人,臥底福島第一的外包商,揭發了長期以來核電與黑道的共生關係,在福島核災後,這種關係更加緊密,這本書有

深刻的描述。黑道和核電的本質都是相同的，只是黑道在做壞事時，還有選擇性、有範圍的，盜亦有道，核電則更無道，無選擇，無範圍的傷害所有靠近它的人。但是還是有一群沒有人性的人甘願為虎作倀，這些人比黑道更可惡。

3天在福島的災區內闖蕩，吸飽了各種輻射物質，在居酒屋裡看盡了假裝若無其事的人，表面上不在乎，心裡卻非常空虛害怕，也有核電廠的包商、工人，夜夜笙歌，沒有明天。

總共在日本停留了5天，這5天中，越來越想家，在福島，不只是沒有人，是沒有「家」，只有房子，不是家。

那些福島人有家歸不得，就淪入十八層地獄了！

核電閻羅

我的朋友胡因夢曾經從深層星相學來看核電，這是冥王的力量，也是死亡的力量。核電產生大量的 Plutonium（鈽），鈽就是冥王，鈽的命名是因為宇宙絕毒，所以給它「冥王」的封號。

福島核災，讓幾十萬人家破人漸亡，小孩在白血病、甲狀腺癌的高發率的陰影下長大，老人一個人孤獨而死。更慘的是日本人的戶籍可以追溯9代，福島人在日本備受歧視，外人不與福島人通婚的現象逐漸浮現。

閻羅王還會獎善罰惡，只在陰間地府。核電輻射殺人不分善惡，甚至是獎惡罰善，那些核電製造的始作俑者，得到更多的預算、資源，更大剝削災民、弱勢者的權利，無辜的人民相信政府和核電的「核能廉價」的謊言，以為核電可以振興地方，卻失去了一切。而政府官員與核電、黑道結合的力量，以穩定為名，繼續他們見不得人的勾當，在國內魚肉

鄉民,對外則輸出核電,毒害更多人。

福島第一核電廠是人間的森羅殿,全世界流出鈽最多的地方,許多人認為是原子彈,或是烏克蘭的車諾比,錯了,是福島。因為原子彈真正用到的鈽只能以公克計算,車諾比事故時,反應爐還不到1歲,產生的鈽不多,而且反應爐熔毀後並未進入地下水,所以除了部分進入大氣,向西擴散到歐洲,其他都被封存在地下。

福島第一核電廠有3個爐心完全熔毀,這些反應爐已經運轉了四、五十年,存有大量的鈽,爐心熔毀,像疝氣脫腸一樣掉出圍阻體,全都進入地下水,從常識看來,這規模絕對是車諾比的千百倍。

數以噸計的鈽滲入地下水,最終流向海洋。日本政府和東電承認的只有每天3百噸,但事實上絕不止此數,因為福島核電廠所在地原來是山丘,被剷平後蓋核電廠,原來的山根都在,地下水極為豐富。

和臺灣核一、二廠比起來,福島根本不夠看。核一、二廠在大屯山(陽明山)北側,大屯山是火山群,山麓溫泉、硫磺礦眼密布,核二廠的反應爐核島正在兩口硫磺溫泉眼上,可知當年的地質探勘說有多粗糙就有多粗糙。現在更證明核一到核四全在活動斷層上,無一倖免。

前往歐盟核安會

為了探求更多的真相,2013年6月10日我啟程去比利時布魯塞爾參加歐盟核能安全管制委員會第二屆會議,因為我想多了解歐盟核電廠壓力測試的內容,並學習第一手的資訊。這是在福島核災後每年召開的國際研討會,因為在2011年福島核災後,立法院要求臺灣電廠必須依歐盟的標準,進行壓力測試。

臺灣原能會在2012年年底宣稱邀請歐盟來進行壓力測試同行評審,

2013 年初來了 6 個 OECD（經濟合作開發組織），和 1 名原能會駐歐人員到核電廠進行壓力測試的同行審查，結果是「臺灣核電廠符合歐盟壓力測試安全標準」。

這完全是原能會和臺電山寨了「壓力測試」。

從歐盟官方網站上找到的標準，原能會所宣稱的「歐盟壓力測試」和「同行審查」根本是騙人的，最起碼的，壓力測試審查人員和受審查方必須沒有利害衝突，而原能會人員竟混充壓力測試人員，還敢簽字，真是無法無天（到 2014 年 8 月監察院通過糾正案）！原能會厚著臉皮說，還要找「真的」歐盟來，看來這群葉公好龍的官僚懦夫，真的不敢面對現實。

據我所了解，其實歐盟官員組成的「壓力測試同行審查」也是「官官相護」下的產品，不會給出明確具體的答案，只是按程序，走過場，出一份不痛不癢的報告，安撫大於發掘問題、解決問題。

我決定花自己的錢去一趟，當面和這些官員討個說法。我熟讀歐盟壓力測試的各項法令、標準、規範，以及過去同行審查的 18 個國家的報告，並以我在國際參與標準化組織訂定標準與稽核的經驗，直接向歐盟官員「請教」，並逐條討論內容，同時和推薦臺灣民間團體、人士加入同行審查活動的綠色和平組織充分合作，給予歐盟審查代表足夠的理解與壓力，我們一切按規矩照步來吧。

核一、二廠位於斷層帶，核四則在海嘯區

臺灣核電廠壓力測試先天不足，後天不良，4 座核電廠 8 個核電機組當年都是威權時代的產物，根本沒有按國際標準調查過廠址 1 萬年的古地震、古海嘯地質紀錄。

　　海洋大學應用地球科學研究所李昭興教授、臺灣大學地質系陳文山教授在 2012 年曾提出 1867 年基隆海嘯的最新證據。他們在基隆和平島尋找西班牙人建立之「聖薩爾瓦多城」遺址時，發現當年設在和平島高點（約 20 多公尺）的教堂地基，有海嘯沖刷的遺跡──核四僅距離海平面 12 公尺，顯示其具有相當危險性。他指出，當地被 1876 年的海嘯沖刷了兩回，所以遺址清楚的呈現 4 層非常分明，由下而上的海砂（包含珊瑚成分）、當地的土壤，又一層海砂，又一層當地土壤。這正是驚人的海嘯證據！

　　150 年前，北海岸曾發生高度超過 20 公尺的海嘯，鐵證如山，根本不容否認。長期以來，臺灣缺乏地質科學的海嘯證據，和平島的海嘯遺跡可說是一個「完全的證據」。

　　現在臺灣人缺乏本土的認識，很多人不知道清代的《淡水廳志》就記載 1867 年 12 月 18 日的海嘯：

　　　「同治六年發生大地震，雞籠頭、金包里沿海，山傾地裂，海水暴漲，屋宇傾壞，淹數百人。」

　　李昭興教授說明，雞籠頭就是現在的基隆，金包里就是金山，而且推測 150 年前的大地震就是通過核一、二廠下面的山腳斷層。

　　日本地質學者都司嘉宣並不反核，但以預言地震海嘯將重創日本核電廠而引發核災的論據，在福島核災後廣受重視。

　　在 2013 年 6 月我與這位會講中文的學者見面時，他指出從地質考古看來，日本在 1 千年中每百年會發生大型地震、海嘯，而 2011 年東北大震，則是千年一遇的海嘯，這是海底的板塊擠壓，他認為臺灣的地質條件比日本更脆弱，特別是北部、東北部在琉球海溝上，延續了日本的板塊擠壓，目前沒有臺灣較明確的紀錄，但從日本海嘯歷史紀錄中 1771 年的「八重山海嘯」研究中，發現與臺灣臨近的宮古島與西表島受到滅

島之災，而臺灣如何至今證據闕如。

　　研究地震海嘯歷史的都司嘉宣指出，典型的海嘯遺跡就是陸上有珊瑚礁的巨石。這種情況在臺灣北海、東北海岸，以至蘭嶼，都不缺乏，這代表海嘯的力量把這些海底巨石推往陸上。

　　無知的臺灣政府，在 1970 年代為了恐共恐核，竟然為自己掘了一個更大的核子墳墓，在北海岸建了核一、二廠，原計畫可建 10 個機組，只是為了取得與中共玉石俱焚的核武原料。當然美國也只考慮圍堵的戰略，根本不顧臺灣處於全世界地震海嘯的高發地帶，而核一、二、四廠又正好在火山環繞區，更不幸的是這幾年又走進了地震高發期。

　　中研院研究員汪中和即指出，從歷史規律發現，日本大地震後 3 至 5 年，臺灣也會接著發生大地震，1995 年 1 月 17 日的阪神大地震，之後 1999 年臺灣發生 921 大地震，就是最近的例子。

歐盟壓力測試審查報告

　　這些明顯而可查證的證據，在臺灣當局的掩飾下都未被重視。歐盟壓力測試同行審查小組來臺灣時，有地質專家同行，帶了許多地質資料，而臺灣的壓力測試報告中非但沒有呈現萬年地震海嘯的資料，連百年的都沒有。

　　1876 年和平島海嘯證據讓歐盟來臺同行審查的官員無法再「官官相護」，在對臺灣的審查報告雖然充滿了外交詞令，但是內容只有簡單一句話：「沒有符合國際標準要求的地震、海嘯與地質證據。」

　　依照歐盟核電廠壓力測試的原則，要以 1 萬年以上的地震海嘯紀錄，作為核電廠的設計基礎，以此進行各項核電廠安全設備、防災準備，以及緊急應變的依據，而臺灣所有核電廠卻沒有這些設計基礎的必備條件。

到了 2013 年，歐盟壓力測試審查報告正式發布，這是 19 份壓力測試報告中最驚心動魄的，比我過去 20 多年來所想像到的核災更為恐怖！

報告指出，如果地震海嘯發生，核一、二、四廠會發生多核電廠、多機組的多重事故，而更悲慘的，也是我過去忽略的是，北海與東北海岸的道路、橋樑全部損壞（這幾年下大雨都有巨石崩落，大晴天北二高北端接近金山處也發生大走山），外援、外電全部中斷，救災人員物資進不去，電廠內人員、居民也逃不出來。

臺灣進行了二十多年虛假的「核安演習」，完全沒有人考慮到這種極有可能的景象。這會是人類史上最厲害人禍。

合理估算，如果發生 1876 年金包里大震規模的地震、海嘯，核四廠可以不算（因為我早就看穿它們不可能運轉），老朽的核一、二廠都無法承受 6 級以上的地震，像核二廠發生世界第一的兩座反應爐多重錨定螺栓斷裂；核一、二廠都超限存放近 40 年來的最毒的用過核燃料，在地震後，極可能破損、引發氫爆，重新產生連鎖反應，這將是近 2 萬束核燃料「發爐」（1 座機組只有幾百束核燃料），相當於 20 多座核電廠同時熔毀。

過去車諾比、福島核災，因為處於相對平坦的地區，車諾比在平原，福島雖然靠海，只有小丘陵，不像有大屯山這麼險峻的山群，相對疏散、搶救、管理較容易，而且俄國有 50 噸大型直升機，福島有協防的美軍支援，臺灣完全沒有這些條件。

因為山崩、石落、海嘯，道路、橋樑必然全數中斷，高壓電塔倒塌，通訊中斷，以近年幾次重大公共安全事故，政府必然依例不存在，這時候官僚們不會擔心，因為大停電，報紙、電視臺、收音機都中斷，就連網路也沒有了，大家只有各自逃命的份了。

核災時誰來救？

臺灣總統在核災時，只要想一件事就好了：「請美軍來救，還是解放軍來救？」

我建議應該辦一個公投決定，這會注定臺灣未來核災後的主權地位。我相信，如果我們認真點、用心點，我們還有時間有機會逃過這場浩劫。我們要保護我們的家園，才有回家的機會。沒有家，就沒有國。問題是我們真的了解我們的「家」嗎？

Eco 是拉丁文的「家」，Ecology 生態學，Economics 經濟學，都源自於「家」。臺灣生在這麼不穩定的地殼板塊上，偏偏還有這麼多老朽危險的核電廠，臺灣有那麼豐富的再生能源，足以完全供應現在用電量的三倍，臺灣有那麼好的電子產業基礎、軟體產業人才，臺灣完全有機會把這些優勢發揮得淋漓盡致，只要把臺電變成臺灣人民電力與電信公司，建立全島的電力、電信網，這將會是最好的解決之道，也是臺灣走向富強之路。

我一生都在漂泊中度過，每次當我離家，就是走向回家的路。只能默禱：福爾摩沙不要成了「輻爾謀殺」，我就無可回之家。我真的非常擔心有一天百年，甚至千年大地震降臨，核災就是全島集體謀殺，我再也回不去了。

2013 年我跟隨歐盟核電廠壓力測試的腳步，追蹤臺灣四座核電廠的壓力測試，結果比我過去 20 多年的假設更為恐怖，如果臺灣再發生一次 1876 年金包里大震、基隆海嘯，則核一、二、四廠極可能同時進入超過福島核災的情境，上千公里的核輻射絕毒的汙染，我這一代將再度成為地球難民，我還能往哪裡逃呢？

以臺灣政府對核電的漫不經心的態度，我閉上眼睛時，幾乎可以看

到黑澤明電影《夢》中「赤富士」核電廠爆炸的景象在天母後方的陽明山出現。

　　幼年難民逃難的印痕油然而生，這是我內心最深層的恐懼！

　　這本書就是我三十年生活與工作觀察的總結，以及對臺灣這塊我從小生長，不知不覺關心在意的「故鄉」，在此時此刻，提出的肺腑之言。我只有一個希望，希望我女兒不要成為第五代難民。

2. 2065 年，我們將生活在什麼樣的臺灣？

50 年後，沒有石油的時代，台灣的能源何處可尋？在我看來，如果我們有妥善的規畫與設計，台灣從現在開始，會進入能源的黃金時代，而非走向能源危機的黑暗時期。

走在臺灣北海岸望著海蝕平臺，望著太平洋，吹著海風，這是我從童年、青少年都非常喜歡的地方，50 年來白雲蒼狗，我身後希望能夠把骨灰撒在這裡。

再過 50 年，我應該不在這世界上了，但是我希望今天的一些想法能夠活著，讓我們的子孫能夠快樂自由的過著他們希望的日子。我不希望他們再犯了我們這一代和前兩代人的錯誤，而這錯誤的疤痕，是背後留下的 4 座遺留下去百萬年的核子反應爐的核廢料，或許再過 1 百萬年，人類已經演化成其他物種，這些核廢料還依然存在。

從 45 億年前地球的誕生到今天，地球主要的能源來自太陽，所有的動植物生命的有機能源都來自太陽，從我們的身體到石油是過去的植物透過光合作用轉化為能源轉化而來，有的儲存在我們的身體中，有的則儲存在地下，而風力、潮汐的動力來源也是太陽。

19 世紀以來，是石油的世紀，石油是幾千萬年來地球生命儲存太

陽的能量，石油帶動的不只是工業，農業、交通、住宅都是石油產製品所支撐的。但再過 50 年後，地球的石油即將用罄，即使還有些儲存量，也是戰爭與紛亂的根源。

臺灣沒有石油，竟可以發展成超級石化王國，臺灣沒有自己的能源嗎？臺灣其實有非常豐富的天賜能源，包括水力、太陽、風、地熱、洋流與潮汐，但在資本帝國主義的控制下，臺灣這些自產能源都無法得到發展，在 1970 年代，臺灣還沒有核能前，臺灣的自有能源超過 30%。但到現在，臺灣的能源 97.3% 都是進口的。

50 年後，沒有石油的時代，臺灣的能源何處可尋？在我看來，如果我們有妥善的規畫與設計，臺灣從現在開始，會進入能源的黃金時代，而非走向能源危機的黑暗時期，這完全看我們這一代人是否願意提出必要的能源革命。

我從哪裡來？到哪裡去？

能源政策都不能單獨只考慮能源，能源政策是建立在土地、人口、生活、產業、經濟政策之下之下，整體性的思考。就像我們決定吃什麼，要看在土地上適合、可以種什麼、養什麼；然後要考慮我們有多少人，要吃多少，要過奢華浪費，或是簡約健康的生活？再想一想我們要做什麼事，是粗重骯髒的工作，或是輕鬆乾淨的工作？能夠讓我們過得更舒適、健康，這是我們的選擇與自由。

如果只考慮能源政策，不顧及當下、當地的事實，和其他上位政策，這就像是一個只是為了吃而活的人，不考慮自己的能力與需要，一味的只想找到可以吃的，為吃而活，無選擇的，貪圖一時的廉價與便利，大量吞噬各種垃圾食物，只會讓自己失去健康與享用食物的樂趣。

　　50 年後的人類更能享受能源帶來的福祉，每個人都是能源的供應者與使用者，只要連上電源，就有源源不絕的能源與資訊流入，每個人都有權利享有能源與資訊的利益。

　　地球，宇宙大爆炸後形成，至今 45 億年，有人說地球生於 45 億年前，亦有說是 46 億年，45 也好，46 也好，1 億年在宇宙中是非常短的。科學家認為，地球是兩顆行星撞擊生成，一個成為地心，巨大的融熔鐵礦，不斷旋轉，產生地球自轉。外表則冷卻成地殼，但是在隙縫間不時仍有岩漿噴出，形成火山。

從錨定螺栓斷裂看粗陋的管理

　　陽明山就是由火山群構成，在 1960 年代發生過泥火山爆發，當時還有幾位礦工罹難，發生地點正是今天核二廠附近，而後來興建核一、二廠時，蔣介石、蔣經國父子只想著趕快製造原子彈，巴著美國人蓋核電廠，根本沒有考慮到這問題。在核二廠反應爐核島的地基施工時，挖出了兩口溫泉，每小時湧出數百加侖的溫泉水，多花了許多水泥才封住。

　　核一廠位於石門區；核二廠位於萬里，兩廠都位於海嘯或斷層帶。核二預計要到 2023 年才能全部除役，在此之前，我們只能祈禱祖先保佑。不過，即使除役，還有無法移除的核廢料存在，成為臺灣潛在的極大禍源。

　　核二廠在 2011、2012 年發生 1、2 號機組的錨定螺栓斷裂事故，但原子能委員會竟同意臺電強行啟動。我當時提出從錨定螺栓的斷裂面的二硫化亞鐵「愚人金」（fool's gold）鏽蝕情況看來，應該是硫化的結果，要求臺電提出現場空氣中硫成分的紀錄。核二廠提出的是「空氣中不含硫」的檢測紀錄，然而再追下去，發現臺電用的偵測設備是工業安全氣

體檢測器，根本不能測硫成分，臺電竟用這種根本不具參考性的資料來
搪塞！之後，不論行政部門的核能管制，或是立法院的監督都沒有繼續
追蹤這項重要的證據，可見臺灣在核能管制上的粗陋。

核一核二皆位於地震海嘯帶

2014 年 2 月 12 日凌晨陽明山地震，震驚了許多人，大家第一個聯
想到的是核電廠有沒有事；氣象局長忙不迭說明：不會火山爆發！而我
可以保證，核災絕對比陽明山火山爆發更可怕！這恐怕是臺灣進入百年
地震高峰的前兆，為何我們還能安枕？

如果我們不知道過去的歷史，怎麼能夠判斷未來呢？國際核能管制
規定，要追溯 4 百多萬年前「第四紀」的地質情況，因為這是地球地質
近代相對穩定可靠的地質紀錄，但 4 百萬年前臺灣還在海底，在歐亞板
塊與菲律賓板塊擠壓下，3 百萬年前才從水面升起。我們別說 4 百萬年，
就算國際要求核電廠必須有 1 萬年古地震、海嘯證據，臺灣都沒有。

如果有一點零星的證據，就是 1867 年的基隆海嘯，它的震央正是
金山（當時地名金包里，或是八斗子，和今日八斗子不同），海嘯高程
超過 20 公尺，基隆和平島沒頂，道路屋宇崩斷，死傷無數。

政府教育我們「中華民族有五千年悠久文化歷史」，就像得了阿茲
海默的人，可以記得很久以前的事，近一點就忘了；所以一百多年前重
要的事故都所知甚淺，更何況其他？300 年至 150 年前，臺北在地震下
被夷為平地，都沒有人重視。

政治倒錯，讓國人失去自我認同

當年國民政府在美國的支持下，為了原子彈，什麼皆可拋，興建了

核一、二廠，離臺北只有二、三十公里。現在大家都說，這是離首都最近的核電廠——但在教科書上是不成立的，因為中華民國的首都在「南京」啊！當年兩蔣念茲在茲在反攻大陸，怎麼會費心研究臺灣這塊「反共跳板」的過去現在與未來呢？

從蔣氏王朝主政之後的臺灣人，都生在一個虛妄的政治神話中。我們這一代在學校念書時，長江、黃河的源頭巴顏喀拉山可以琅琅上口，我們的領土東起海參崴，西至帕米爾高原，北起薩彥嶺，南至曾母暗沙，更是每考必中的題目，國土1千1百多萬平方公里，我們的「國土」形狀仍然是「秋海棠」。而實質統治的中華人民共和國的領土卻已經是「老母雞」，北上缺了一大塊是蒙古共和國，雞頭上的雞冠也掉了，早在俄羅斯沙皇時代就拿掉了。

就連這麼實質而科學的地理領土問題，都是一場莫名其妙的騙局，而2300萬人都默默的忍受這虛無的「法統」宰制超過一甲子。聯合國可能認為國民政府是一個狂妄自大的政權，因為絕大多數的國家根本不承認這個政權的存在。人必自侮而後人侮之，如果我們都不認清、承認事實，一切都不必談了。

我寧可到了五十多歲還繼續當一個說國王沒有穿衣服的小孩，而且不只國王沒有穿衣服，老百姓也沒有。當一個人都不清楚自家門前的小河是從哪流到哪的，也不知道後面的山坡是什麼山，何時成為山，這種人不論得到博士、諾貝爾獎、當了總統，都不值得尊敬，因為他完全沒有「自我」。

談這些問題，並非字面上的「統獨」問題，而是生為一個人必須要有的基本認知。我們如果不能認知我們和生活的土地那麼息息相關，就是極其無知愚蠢，任何最糟糕的事都做得出來，最不幸的事也會發生在我們頭上。

3. 新經濟秩序

在貨幣世界中，如果一個產品的價格，低於它的真實成本，
而賣方還能賺錢，這代表賣方一定隱藏了必要的成本，包括
土地、健康、勞工、環境（空氣、水、廢棄物、廢熱、輻射
等汙染）、人權、社會福利，以及世代正義。

《**莊**子・齊物論》中有一個朝三暮四的寓言：「狙公賦芧，曰：
『朝三而暮四。』眾狙皆怒。曰：『然則朝四而暮三。』
眾狙皆悅。名實未虧而喜怒為用，亦因是也。」

　　楚國有位狙公（養猴人），以早上 3 顆栗子（芧為栗子或橡實），
晚上 4 顆栗子餵猴子，猴子不高興，改為早上 4 顆，晚上 3 顆，猴子馬
上就高興了。

　　我們總不能像成語中「朝三暮四」中的猴子一樣吧！當政府說，臺
灣的油、電、水價是全世界最便宜的，但是政府沒有告訴我們成本是什
麼，更沒有說總成本是多少。

　　我從事汽車業採購工作時，領我入行的前輩告訴我：「Cost is
science, price is art.」的確，成本是科學的，價格訂定則是一門藝術。我
在採購時看重的是「產品生命週期成本分析」，一個產品的價格如何不
重要，而是這產品從原料、設計、開發、製造、原料、輔料、採購、人事、

物料、能源、搬運、延誤、不良率、售後、保固、報廢、稅金的總成本來看產品成本，可以精密準確的分析出每個零件的成本，加上合理的利潤比率，訂出合理的價格。

我們都有經驗，印表機的價錢看起來很便宜，而墨水、碳粉則是很貴，這就像鉤子一樣，鉤上你後，可以一直再賺你的錢，你認為買到便宜印表機，就是真的便宜嗎？現在電梯、汽車這些耐久材也有這樣的趨勢，名為維修保養，實則「可持續的賺錢」。

我們的油、電、水價格真的便宜嗎？我們想到附加的成本嗎？

你加油的時候，以為便宜，但是從高雄後勁居民長期忍受高雄煉油總廠油氣汙染，雲林六輕無限制的擴建，管線閥門洩漏、氣爆大火連連，居民癌症橫流，健康風險增高，到現在高雄氣爆，長期石化業的輕忽工安環保的代價，整體代價已經超過了十倍的油價還不止。

石化業的代價

當年，有學術良心的教授詹長權、莊秉潔提出石化業對健康風險的衝擊時，臺大化工博士前環保署署長沈世宏竟說，石化業提高國民所得，國民所得提高則國民壽命提高。如果臺灣的「環保署長」是這種水準，臺灣的環境怎不能惡化？

環保署長擅長用似是而非的詭辯來混淆視聽，這是馬英九團隊的特色，如果深層一想，臺灣多少人癌症、不孕？長命是醫療進步，可不是吸了石化汙染，若真是如此，何必需要「環保署」呢？反正吸收汙染長命百歲。況且環境汙染讓生活品質降低，生病讓生命品質降低，生不如死，不如短命。

石化汙染造成生病、致癌、短命、不孕、畸胎等健康風險，這是常

識，也有專業科學證據，毋庸置疑；若以沈世宏的高見推論，臺灣近 60
年來犯罪率提高，車禍增加，刑案增加，都可以增加國人壽命了。

當皮革廠揉製豬皮所殘留的豬油拿去做黑心油，這是「餿水油」、
「地溝油」的進化版「回收工業廢油」，衛生部食藥署署長夥同所謂的
「學者專家」一同為業者抱屈，甚至非常科學的說，平均每個人頂多吃
到 1 滴油，把「產官學共犯結構」發揮得淋漓盡致，完全符合馬英九競
選宣傳「一路走來，始終如一」的企圖心。老百姓也充分展現「沉默的
力量」，坐視當政者、官員胡作非為，還賦予更多的權力與預算，巴不
得人人成為「沉默的羔羊」。

市場失靈，政府失靈

我長期以來主張只有經濟問題，沒有環境問題。所有的環境問題都
源自於經濟秩序失控，最終導至經濟體系崩潰。

歷任的環保署長，沒有明確落實環保環評政策；再加上歷任的食藥
署長，從美牛、塑化劑、銅葉綠素到地溝油事件，GMP 等認證制度又是
球員兼裁判，公民團體無法參與監督，絲毫未盡到把關責任，時時刻刻
準備犧牲國民健康來成就自己的功名，這正是「政府失靈」的證據。

我讀過的經濟學不多，但是我可以理解「市場失靈，政府失靈」的
道理，任何的環境、經濟問題都可以套入這公式。在貨幣世界中，如果
一個產品的價格，低於它的真實成本，而賣方還能賺錢，這代表賣方一
定隱藏了必要的成本，包括土地、健康、勞工、環境（空氣、水、廢棄物、
廢熱、輻射等汙染）、人權、社會福利，以及世代正義。

今天的低油電水價正是最佳的例證。臺灣放著大好的天然再生能源
不用，97.3% 的能源都是靠進口的，更沒有本土的能源、設備，都要靠

進口；而油可以賣得比別國低，最離譜的是核電，只要 0.67 元，是全球最低，還有很多人信。

臺灣雖然四面環海，經常下雨，但人均淡水是全球平均的 1/5，因為山高水急，水一下就進了大海，造了許多水庫、攔沙壩、攔河堰，使上游的淤沙不能順利流下，使得靠上流泥沙填補的西南平原陸沉（大家只把問題歸咎於抽地下水的農漁民，但事實上，工業抽得更凶），或是像八八風災這種零存整付的大災難（其實完全是人禍）。

這種「蝕本銷售」其實是銷蝕全民與後代子孫的本。

浪費今天不可再生的資源已經是一個罪過，再留下百萬年的劇毒核輻射垃圾，更是絕子絕孫的惡行。臺灣的市場失靈，完全源自於政府失靈，因為臺灣政府的「三民主義騙術」，成功洗腦人民，讓臺灣的市場徹底被一群貪腐天才，治理蠢才的人掌握。

到底我們「姓社，還是姓資」？

臺灣其實既不是社會主義，也不是資本主義，我們沒有主義，也沒有信仰，只有短視近利；我們沒有信仰，只有急功好利的迷信，我們的社會還停留在上古封建奴隸時代，集體縱容政治、經濟的統治者們吃乾抹淨，我們每一個沉默的人，都是幫凶。

我發動臺灣的「地球日」運動，但是我從來不說「保護地球」，因為地球不需要人類的保護，是地球在保護人類和寄生的生物，我之所以要從事環保，是為了保護人、保護家，不要成為地球變動時的受害者，甚至滅絕。首要之務，是要我們更了解自己的家──從居住地、家鄉地球。問題是，我們有多少人還知道淡水河的發源地在哪裡？

孫文曾說過：「三民主義就是共產主義」，但在國共相爭、國共內

戰期間，國民黨轉進臺灣，沒有人敢說「共產主義」，蔣介石更狗尾續貂的加了《民生主義補述》兩章來洗「三民主義即共產主義」的底，讓臺灣成為既不是資本主義，又不是社會主義的黨國資本主義。

從治理上來說，五權憲法的架構違反人性，也違反管理原則，根本不通，既未在中國實施，也不可能在臺灣行得通；簡單來說，在人類世界中是不可能實施的。即使中國也以孫文為「國父」，也沒有實施五權憲法。而我們從小到大的學生時期，都必須背誦這些教條，今天臺灣人的虛偽到黑心食品、黑心核電，或許就是我們長期虛偽不實的黨國教育，種下了我們不切實際、投機取巧的愚行種子。

我是一個實用主義者，用事實驗證的道理才是真道理，但我們生活的社會、國家卻是一個非常不切實際，抱殘守缺的虛無、妄想主義。我們若要對未來負責，不是只是談如何廢核，而是談如何真實過真實的生活，如果我們能夠面對真相，廢核是必然的，否則，則使廢核，結果還是相同，廢核的過程並沒有讓臺灣人相互學習、溝通，反而走向更大的內在分裂。

沒有 TRI，如何評估風險？

我在環保運動、工業界工作，我都很注意「生命週期分析」，在工業上，任何產品，都有產品生命週期分析，把產品從研發、設計、原料、生產、使用、維修、回收、廢棄的成本都考慮進去。像國際化工業必須公布「毒性物質外釋清單，TRI（Toxic Release Inventory）」，從而了解各種外釋物質對人體健康、環境生態的毒性，並進行總量管制。然而在臺灣，這全是教科書上的內容，就像三民主義的「漲價歸公」，完全沒辦法在現實生活中找到；臺灣只有「汙染歸公」！

如果沒有 TRI，我們就無法評估真正的健康風險，也沒有辦法管控風險，所有的風險都會極大化，也使生命週期中每個階段的成本無限擴大，從五輕、六輕周邊縣市的癌症風險升高，到高雄大氣爆，只是這些成本中看得到的一環，而其他的成本，如景觀、環境品質、健康、區域發展的風險與成本，都是沒有辦法估計的。

內部成本外部化，是今天臺灣市場失靈的最大病灶！

我常比喻，如果你拿刀子，像鄭捷一樣在捷運上砍人，你會被判死刑，而且罪及家人，被當成精神病；但是，如果你開六輕化工廠，讓數十萬人得癌症，你會被尊為「經營之神」，一輩子錢都花不光，留給子孫告來告去。

真正的殺人凶手是被大家尊敬的，像殺數百萬人的領袖會被尊為「民族救星」，這是歷史經驗，也是真實生活中的。這都是我們的制度與價值觀被嚴重的扭曲，甚至顛倒的結果。人類歷史一直到今天，這種問題還是重複發生。

有人說：「死亡與稅是人生無法避免的事。」死亡對每個人都是平等的，走向我們未知的世界，但是稅卻是一個助紂為虐的傢伙。大部分的稅都是懲罰好人好事的，像所得稅，剝奪我們用智慧、勞力正當所得一部分，看起來有所得，就要繳稅，還有累進稅，所得越多，稅率越高，繳得越多，讓仇富的大眾感覺好過一些，但是這對嗎？

消費要交稅，我們為了生活必須買所需要的東西，許多東西原來是奢侈品，現在成了必需品，像汽車、電腦、手機，為了買這些東西，我們必須付出大筆的稅，營業稅、貨物稅、關稅，當然這裡面還有所有相關的人的所得稅，最終買這東西的人就要負擔這些稅。稅，使得人為的成本不斷提高，做生意、貿易、交易，都是好事，買東西增加就業機會，刺激經濟（像消費券），促進發明新的科技、產品，讓人生活更好，也

是好事，但這些都要繳稅。

以上這些都是福國利民的「好事」，但是好人做好事，就必繳稅，因為從英國徵收人頭稅開始，就是針對好人課徵的稅收，你是良民，就要乖乖的繳稅，要不然學羅賓漢，官逼民反，不用繳稅。

在臺灣最近幾年一再提出稅制改革，但是社會的財富越來越集中到少數富人手中，中產階級逐漸消失，變成了 M 型社會。大批原來的中產階級，瞬間連自用的一間房子都負擔不起，變成了新貧階級；而社會新鮮人一入社會，就自動「進化」成為新貧族，除非是少數達官顯貴的官二、三代，或是財團的富二、三代。一般老百姓只能看著富豪揮霍，今天誰家世紀婚宴，明天誰家超級跑車撞車、失火，或是豪門王子、公主婚後的八卦。

世代不正義，青年人的未來看不見

2014 年 3 月 18 日的學運，表面上雖是針對兩岸服務貿易協定、兩岸關係，而事實上，是長期以來政府給出了太多看似「利大於弊」的政策，其實也是，但是「**大利」是少數人得到的，「小弊」卻是絕大多數百姓人人承受的**。從這幾年的國民生產毛額不斷增加，但是一般民眾、社會新鮮人的所得卻一再創新低。我和我大學剛畢業的女兒進入社會的工資相比，30 年後，她的起薪竟不如我！她比我更努力於工作，玩得更少，也沒有太多機會旅行，因為什麼都太貴了。而 30 年前我的薪水可以有機會買房子、買汽車，她的同學連會開車的都很少。

這是最明顯的「世代不正義」，而這一切都是由制度造成的，因為我們的制度一直沒有把人的價值考慮進去。

我認為《勞動基準法》、《採購法》是臺灣兩大惡法，這兩個法看

來是平等，但其實是齊頭式的平等，把所有人的價值都抹煞了，但是臺灣人還像早上得到 4 顆栗子的猴子一樣高興，忘了晚上沒有栗子。

　　勞基法的「基本工資」是如何決定的，我搞不清楚，相信也沒有人能說清楚，這「基本工資」建立了臺灣「貧窮馬其諾防線」，所有老闆只要祭出「基本工資」，就可以「壓迫免責」，形成雇主的聯合壟斷。我女兒在餐廳打工，晚上、週末、假日上班，還是以「基本工資」來核算時薪，而沒有按夜間、週末、假日工資加成、加倍計算，年輕創業的餐廳老闆，賺得滿缽滿盆，開名車、住豪宅，成為新貴族，但這是壓著數百名新貧族的結果。

　　這些新貧族敢怒不敢言，因為如果他們提出來，也不會被重視，還可能被「記名字」，以後都很難在這圈子混下去。以前可以靠跳槽來取得加薪的機會，現在因為「基本工資」，天下老闆一樣黑，去哪裡都是一樣。這樣下去，只有等著「階級鬥爭」發生，窮人才有機會「翻身」，就看臺灣的年輕人能再忍多久，但在這過程中，人的創造力、想像力、進取心，都為「基本工資」折腰。

　　我觀察現在臺灣與中國的年輕人，臺灣年輕人「溫良恭儉讓」綽綽有餘，但在事業的野心上，明顯不足，在未來的競爭上，必然是劣勢，因為臺灣的「基本工資」原意是薪水公訂的下限，結果變成「上限」，把大家的進取心都壓掉了，除非自己創業，但為了競爭，也去壓低員工的工資，成了為虎作倀。

　　這些領「基本工資」的老實人，正是跑不走、逃不掉的繳稅大戶，大老闆們繳幾百萬、千萬、上億的稅是幾經作帳、避稅、退稅後的錢，少了這些錢，日子過得還是一樣好，只是少買輛超跑罷了；但對年輕新貧族而言，繳個 2、3 萬元的稅，則需要靠吃不知道多少碗泡麵、超商、夜市、攤販的廉價飲食來「補」，不健康的飲食即造成下一個公共衛生

的問題，使新貧族更要負擔更多的健康風險與成本。

採購法，抹殺人的價值

1997 年以前，綠色消費者基金會還接過一些政府的委辦案、補助案、標案來做，2006 年我回臺灣後，我了解了政府一切用《採購法》實際的操作情況，我就再也沒有興趣更沒有膽子，去接任何公部門案子。

因為政府「依法抹殺了人的價值」，這就是採購法。

任何工作、專案、工程，「人」才是最重要的資本，但不知道何故，所有的政府對民間團體的補助，「人」事經費一概不補助，換句話說，在帳面上，民間團體的人，全部是不支薪的「義工」。事實上，不可能的，即使我母親在區公所當「義工」，也領了些「車馬費」，政府避開了勞健保的義務。還有更糟的派遣工，更是只消費不負責的惡行。政府都帶頭廣泛採用，更何況民間企業？

最近幾年任何政府大型計畫，就有弊案傳出，有些是真的貪、壞，絕大多數則是制度造成的。我所了解，大多數的政府計畫、工程，都有「內定」的人選，以價格、技術、規格綁標之外，還有更多的以工程費來包設計費，只重硬體的費用，而輕視人的軟實力。這和健保制度下，「以藥養醫」的結果一樣，藥可以用重量、劑量來核價，醫生的技術、價值就難以估算，只能用「工時」、「看診人數」來量化，醫生的醫德、醫術不能量化，就只能靠開更多的藥給病人，取得「量化指標」，這樣醫生才會有合理量化的工資。所以在單位時間內看最多的病人，開最多的藥的醫生，就是量化制度下的好醫生，也能為醫院帶來好的收入，而事實上，我們都知道，一個負責有醫術、醫德的醫生必須花時間望聞問切，小心用藥，因為每種藥都有其毒性，盡量讓病人改變生活方式或習

慣，自然健康，而非靠藥物維持，否則以藥養醫，醫生和賣毒品的就沒有差別了。

所以現在的醫學院學生寧可去從事沒有健保的醫療美容，也不願擔任外科（如腦神經外科、胸腔外科、心臟外科、骨科……），因為這些外科的醫療糾紛風險大，而且開刀時間長，健保給付是按件、按時計酬，看起來「同工同酬」，實際上是天差地別。

醫生在臺灣社會中長期以來是受尊敬的職業，如果醫生濟世救人的價值都被打壓，都受到這麼不合理、反淘汰的制度管控，其他職業，像餐廳的服務生，則更不用說了。

人的價值一再被低估，一再被貶抑，是社會、經濟問題的病灶之一，如果不能改變勞基法、採購法、健保法不合理也是違反憲法的制度，臺灣就注定不斷落後下去，因為我們的制度形成一個汰菁存蕪的系統，這樣的社會是無法面對危機，無法解決問題的。

稅制不改革，環境不改善

不論我對這些制度的抱怨多大，都不如未來的稅制改革。蕭代基教授是我素來尊重的經濟學教授，常常向他請教，他教我兩件最重要的事：能源（環境）稅、自然資源管理。

1995 年蕭代基等人翻譯了經濟合作開發組織（OECD）的《綠色稅制改革（Green Tax Reform）》，我有幸出版，並寫了一段序言。我只是個經濟學的素人，說不出什麼經濟學的理論，只是從社會正義的常識角度出發，認為如果國家只是對好人好事（工作、生意、買賣、創造）徵稅，而不對壞的行為徵稅（如危害人民健康、環境汙染、破壞生態、浪費不可再生資源），那麼這國家就是謀財害命的元凶。

古典經濟學中，土地占了很重要的位置，有限的土地承載有限的資源與有限的市場，大家都必須小心翼翼的管理土地與其資源、市場、勞動力，才能持續的經營、生存，但後來帝國主義的殖民地擴張，將土地、資源、市場、勞動力變成無限的，仗著槍炮的軍事優勢，把第三世界、殖民地當成提款機，從亞當斯密的《國富論》，到凱因斯的新經濟主義，土地在經濟體系中失去了「價值」，我們只看到炒作房地產的「價格」。

帝國主義的反思

1992 年 11 月我受英國查理王子之邀參加他所設立的「威爾斯親王企業永續論壇（Prince of Wales Business Forum for Sustainability）」，查理王子在開幕式中坦言：「我的玄祖父在 100 多年前來到亞洲，得到這個在中國南海的小島，當時我們看到的世界是無窮無盡的，英國艦隊所到之處，就是我們的原料、市場、勞動力的來源；但現在我們看來，地球是有限的，多年的工業化，使用石化燃料，讓地球環境受到汙染，使人類生存受到威脅。再過 5 年，我們就要把香港歸還中國，我們必須改變過去的方式。」

查理王子召集了英商亞洲區的負責人，包括太古集團、殼牌石油、英國石油、ICI、聯合利華、DHL……，他的演講具有歷史意義，發人深省，可是當地媒體的報導集中在他和戴安娜王妃之間的八卦，5 年後香港歸還中國，戴安娜在法國車禍身亡。大多數人都不知道查理王子在環保方面的思想與行動，只看到他的八卦消息。我和查理王子有機會面對面吃了一餐午飯，我表示我曾當過記者，他在環境方面的貢獻實在應被更多人知道，而不是只報八卦；他淡然的說，媒體把事件娛樂化，促進銷路，他也沒有什麼可以抱怨的。

20 多年過去了，各個跨國企業並沒有改變他們的作風，2011 年英

國石油公司（BP）在美國墨西哥灣外海鑽油平臺「深海地平線（Deep Horizon）」發生有史以來最嚴重漏油事件，曝露出英國、美國政府和企業的「深層恐怖（Deep Horor）」，這不是發生在第三世界國家，而是在美國，而肇事者是英國最大的石油公司。追查事故原因，這十足是一場人禍，低估了惡劣的自然環境，粗糙的設計，美國政府鬆散的管理，英國石油的偷工減料，事後不負責任，呈現一幅貪婪的人性與醜陋的嘴臉交織的畫面。

老牌帝國主義在美國都有這麼難看的吃相，中國在這些年的「改革發展」，更是全世界冒險家的天堂，環境汙染與勞工剝削者的樂園，連年超紀錄的空氣霧霾汙染，只是穢濁人心的「正常排放」，從鄧小平的「先讓一些人富起來」，中國也像臺灣一樣走向資本帝國主義國家剝削環境、勞工人權相同的路徑，從 90 年代說的「先汙染，後治理」，到現在「只汙染，不治理」。

環境汙染，免費？

臺商在這場世紀汙染饗宴中不落人後，許多人抱怨中國的沙塵暴造成臺灣的健康風險，恐怕有一部分是臺商貢獻，我們只是回收一部分的空氣汙染，若要深入了解臺商在中國的「吃相」，對中國環境與勞動人權的剝削，和聲名狼藉的臺灣二奶村……，到今天，許多高汙染、高耗能、高工傷的產業在中國混不下，而「鮭魚返鄉」，汙染的矛頭回馬槍指向臺灣，這是現世報。

2014 年 8 月 1 日高雄李長榮氣爆，和 8 月 2 日江蘇昆山中榮金屬爆炸案，甲午年的鬼月不能不信鬼，這兩天的事故都源自於平時對安全的不重視，政府監督的鬆散，「不是不爆，時候未到」，不管在兩國兩制，還是一國兩制，結果一樣爆。

會造成這些事故的背後基本心態是：汙染環境是免費的！

我們想想，我們為汙染環境付出過什麼費用？頂多就是水費裡面附加的污水下水道費，或是丟垃圾的垃圾袋費，我們開車出去，可曾付過空氣汙染費？雖然有所謂「空氣汙染防制費」成立了基金，也有水汙染防治基金、土壤汙染防治基金，資源回收基金，但是這些「基金」都是環保機關朋分的小金庫，無論在徵收、使用上，都無法達到任何防制或防治的作用。像過去空污基金多到沒地方用，拿去蓋「環保公園」，完全看不到降低空氣汙染的績效，倒是在蓋公園時的工地汙染，讓這些「汙染基金」不但是陷入了「先花錢，搞工程，又汙染，再收錢」的輪迴中，而且成為政府財政上的大黑洞。

我可以大膽的說，如果去查這些環保基金歷年徵收、使用的黑幕，恐怕各級環保機關、各學校環境工程相關科系都會解散。從空汙基金、資源回收基金、水汙、土汙基金徵收以來，每年收了上百億元，20多年來，可曾交代過績效？

環保署還想藉由溫室氣體，再立《溫室氣體減量法》，這法律草案空洞不切實際，與國際真實情況完全脫軌，唯一真實的，就是「溫室氣體基金」，我一直堅決反對，因為這不是環保，而是以環保之名反環保，這基金的設立根本只是收錢，完全不交代如何減量，前環保署長沈世宏還異想天開搞「境外碳權交易」，等於是把國家的「碳主權」賣給外國，這是叛國的行為，大家好像都沒看見。

政府基金，製造更大災難

1950年代美援時期，就有「中美基金」，建立了政府私房錢的典範，政府巧立名目，有法沒法設立「基金」，政府基金林林總總加起來上兆，

除了護盤股市的「四大基金」，還有一大堆你想不出來的「基金」，這些可以說全是政府的「擺爛式基金」。

近年來，各政府機關食髓知味，不論誰執政，各級政府機關大開「基金」，不管有沒有法源，有機會就搞基金。八八風災搞個特別條例，就弄出 2 千億元的「救災基金」，結果造成更多的水泥進入山林，製造下一次更大的災難。

八八風災之後，國土規畫、保護、復育之聲再起，內政部要訂《國土法》，果不其然，就要設立「國土基金」；為了發展再生能源，立了「再生能源發展條例」，當然《再生能源發展條例》也不免俗的設立「再生能源發展基金」，理論上這基金是向排碳、不可再生的能源（包括核電）徵收基金，以推展再生能源的發展，但是「誓死擁核」的臺灣政府，移花接木，把電價上漲的「罪過」都推給再生能源。

大家黑心油吃多了，當然就有人提案，成立食品安全基金。我可以保證，這是向合法的良心廠商收錢，來鼓勵更多的黑心食品。為什麼政府官商勾結闖了禍，就要收好人的稅，去滋養更多的貪腐？

再生能源也是相同的規則，臺灣目前的再生能源非常少，如果把水力、風力、太陽能這三種主要的再生能源總發電量加起來，其所占能源供應量不到 3%，而且從電力成本來看，綠電的成本不到 2 元，遠低於其他能源，包括臺灣當局一直騙大家的核電（核電真正成本，以國際核電成本計算，包括後續核廢料，就算不加上核災，都在 3-5 元間）。

但是經濟部能源局竟然以購買「綠電」為名，將綠電低價高賣，比綠電成本多出 2 元的電費竟可以挹注「再生能源發展基金」，這是公然違法。依照國際的做法，因為綠電低碳排放，所以有較高的電費，利益是歸於發電業者，而非政府成立的基金來從中牟利，臺灣政府如此有創意的扼殺再生能源，有如焚琴煮鶴。

臺灣討論能源稅，已經超過 20 年，但是從來都沒有具體的行動，按照蕭代基的規畫，如果徵收能源稅（包括環境稅），這一來各級政府的「小金庫」就會立刻消失，這是完全違反「官本位」的做法，所以注定永遠也做不成。臺灣可以推行各種沒有人性的法令制度，如「垃圾不落地」、「停車怠速 3 分鐘熄火」、「夏天公共場所空調溫度不得低於26 度」，但是真正符合社會正義的事，絕對不做，因為只要是符合人性，實現正義的事，一定違反「官本位」。

所謂「官本位」，就是以官為本，官員只為了「便於管理」，其實是「便宜行事」，想出各種愛做就做，愛不做就不做的嚴刑峻法來箝制人民的生活、行動自由，美其名為「經濟」、「環保」，其實是狗屁倒灶，但是像猴子一樣的老百姓就是會心悅誠服的甘之如飴，而政府官員口中卻常掛著：「臺灣人民水準低，不配合……」

如果臺北市天龍國驕傲的市民，都能被制約成一聽到「少女的祈禱」音樂，就會放下手中的事，連電視都不看了，乖乖的匆匆趕下樓去倒垃圾，有時還會被清潔隊員批評兩句：「怎麼這些瓶子沒放進回收袋中？」天龍國人個個諾諾稱是，這樣的「順民」，全世界實在找不到。不推動「能源環境稅」，完全是官員作祟。我認為，如果我們能夠站起來，推翻「官本位」的政府，徹底實施能源環境稅，臺灣可以同時實現經濟、環境與社會正義。

太陽和風，不會付回扣

臺灣 97% 以上的能源是進口的不可再生能源，剩下的 3% 則大多是臺灣本土的再生能源。[1] 一定有人奇怪，臺灣為何不多進口再生能源？是

---

1   編按：「2012 年我國 97.82% 的能源供給來自進口，自產能源僅占 2.18%。而初級能

的，我一直鼓吹，如果讓中油臺電可以進口地熱、太陽能、風力、潮汐，中油臺電馬上就會提高再生能源的比例。

　　道理很簡單，就像楊憲宏的名言：「太陽、風不會付回扣給他們！」使用再生能源，嚴重違反「官本位」的利益。大家要知道，在國際上大宗能源和武器都是封鎖的交易系統，由少數人壟斷，形成巨大的利益集團，一般人不可能也不可以介入，付回扣是正常的商業行為，這是「投名狀」，拿了不會有事，不拿才會死人，或生意別做了，你認為這些人「捨得」嗎？

　　按我的理想，只要進口能源成為稅基來源，取消其他各種名目的稅，包括所得稅、貨物稅、娛樂稅、教育捐、土地增值稅、遺產稅……，以及各種名目的基金，這樣一來財政部只要在進口能源依照其最終能源價格、不可再生性、溫室氣體排放量、空氣汙染排放量、有毒物質排放量來課徵稅收，那麼臺灣的經濟發展會立即改觀。

　　我以一輛小汽車為例，假設是最暢銷的 1800cc 豐田 Altis，價格約60 萬元，現在一般的汽車每年行駛約 1 萬 2 千公里，每百公里耗油 8 公升（雖然低於能源局公告的廣告值，但這是一般計程車的真實數值），假設平均每公升的油是 33 元，不算維修、保險，以 10 年折舊來算，這輛車的費用（成本）如下：

600,000 元＋ 12,000 公里／年 ÷8 公升／公里 ×33 元 ×10 年
＝ 1,095,000 元

　　加上購置的貨物稅（25%）、營業稅（5%），以及 10 年的牌照稅（7,120 元／年）、汽燃費（6,180 元／年）

源供給中以石油 47.97% 占比最高；自產能源則以生質能及廢棄物占 60.45% 最高，再生能源（水力、風力、太陽能及太陽熱能）合計約占 26.35%。」（資料來源：經濟部能源局）

600,000 元 ×（25%+5%）+（7,120 元／年 + 6,180 元／年）

×10 年 = 313,000 元

總共：1,408,000 元

如果今天換成能源環境稅，所有的稅改從油品來徵收，假設每公升增加 30 元的能源環境稅，每公升的汽油就成了 66 元。

那麼同樣的車情況就會改變成：

600,000 元 + 12,000 公里／年 ÷8 公升／公里 ×63 元 ×10 年

= 1,095,000 元

但是我們可以選擇比較省油的 1800cc Prius，每公升可以跑 20 公里（5 公升／ 100 公里），同樣的使用情況，那麼整體的費用（成本）就是：

1,000,000 元 + 12,000 公里／年 ÷20 公里／公升 ×63 元 ×10

年 = 1,378,000 元

這就是官本位「朝三暮四」的原則，政府把油價壓低，鼓勵大家耗油，製造更多的汙染，汙染不用付費，像交通部徵收了 30 多年定額的汽車燃料費，其實灌入了油價中，但是你開車越少，越節能，你的平均每公升的汽燃費就越高，像經濟學者王塗發教授，他的車（2000 cc）一年開不了 5000 公里，平均每公升的汽燃費就超過 10 元，如果你很少開車，以為環保、省錢，其實政府早就收了你的錢。

如果你再算進減去的所得稅、貨物稅，或是你很有錢的奢侈稅、遺產稅，雖然油電價格上漲一倍，但物價並不會因此而波動，相對的你口袋中的錢只會多，不會少。看一看馬英九自 2008 年上臺後，油電價格上漲，接著物價上漲，讓小老百姓的生活痛苦指數增加，而有權勢的財團、大官更富有，這些完全沒有經濟頭腦的人，其實是根本不知民生疾苦，也沒有實際用事實、數據作為決策依據，一味蠻幹。扁政府時代，

則一味壓低能源價格，表面是討好百姓，其實是討好財團。

所以如果我們徵收能源環境稅，那麼大家的生活、工作的成本會降低，所得會增加（不用繳所得稅），而產業則會尋求更節能的方式，而必須放棄過去汙染、耗能的生產方式；百貨公司也不會一邊開冷氣，一邊把大門打開，讓冷氣跑上馬路，會用更節能的設計與設施來減少用電。

是不是「朝三暮四」騙老百姓的政策，其實用 Excel 算一算就知道了，如果我們還不能徹底覺醒，還想當狙公養的猴子，我也沒有辦法！

能源環境稅將減少賦稅複雜度

有一天，臺灣以能源環境稅作為稅基，去除其他繁複、不正義的稅費時，第一個失業的是稅務人員，各地方稅捐處就沒事做了，接著是會計師事務所，也沒有那麼多報稅、節稅、打擦邊球的事好做了。各個公司也會減少大量陪政府玩稅賦工作的人員，讓人才更能夠從事有意義的生產服務工作，而不是「服務政府」。

每家公司也不用再保留 10 年發票存根，減少了大量的工作與閒置空間。有人問，是不是就沒有統一發票了，的確，這當然不需要統一發票，因為不用再繳營業稅、貨物稅這些稅了。

「那麼統一發票抽獎怎麼辦？有很多社福團體都靠發票對獎取得捐助的。」我想統一發票抽獎也是官本位「狙公們」的把戲，用一點小錢把大家都當成抓小商販逃漏稅的線民，這是「線民費」。而社福團體靠發票對獎本來就是在這扭曲制度下的產物，社會福利是要靠制度來救濟解決的，不是沿街收發票來對獎的。

套用一些蛋頭環保人士的話，每年要印製這麼多的統一發票，要砍多少樹呀！但在我看來，砍樹事小，發票背後的「行政浪費」，才是更

大的浪費。就算我知道有一天我有機會對中 2 百萬，我也不會去對獎，因為把對獎的時間拿去工作、賺錢或閉目養神，對社會還有更多貢獻呢。

銀行與保險公司的責任

在我們的生活中，銀行與保險公司只有金融、儲蓄的功能，我們看到國泰、富邦、新光、遠東、中信這些公司都有銀行、保險公司，但是他們給我深刻的印象是房地產（炒作）事業，每次都是他們不斷推動「地王」天價，看起來這是他們成功的推動了公司的資產現值，但是對社會有何貢獻呢？

英華威風力在臺灣設風場，用的是德國銀行的錢，在德國的綠能政策下，銀行可以獲得低利率的政府資金，綠能產業也可以取得優惠的貸款。我看英華威在臺灣投資設立風場最大的障礙，不是苑裡反風車的行動，而是政府的干預與阻撓。

在歐洲，並不是由政府來審核綠能電廠、綠能設備，而是由銀行與保險公司來承擔。道理很簡單，銀行、保險公司都是將本求利，會清楚計算投資、承保的盈虧，不會開自己的玩笑，所以投資綠能業者一定要做好環境影響評估、經濟影響評估、敦親睦鄰、財務評估，以及各種潛在風險評估，才能夠投資，銀行或投資人要投入資金，當然要仔細嚴格的審查這些前置準備工作，實際測量，監督、驗收工程，使公司財務營運透明化（這也是減少送賄、收賄的根本之計）。

何不交給專業銀保評估風險

保險公司也扮演重要的角色，因為投資一定有各種風險，或是對第三人造成傷害，銀行為了確保風險降低，以及量化風險成本，專業的保

險公司就會介入把各種風險，包括居民反對，造成工期拖延，都會清楚交代。保險公司是靠收保險費營利，若是風險過大，一者可能保險公司估算錯誤，保險公司賠償損失，或者是投資者放棄投資，而不是一出事，就沒有人負責。

銀行、保險公司與綠能業者因為利害與共，所以必須合作，必須透明公開，建立好的制度，才會有好的市場機制。

在歐美的綠能設備產業也要和銀行、保險公司緊密合作，像風機、太陽能原料、設備認證，都是由銀行或保險公司負責，因為銀保公司必須了解每種原料、設備的特性，才能夠評估未來發電效率、盈利的可能。

在臺灣，所有的審查都是政府一手包辦，事實上是從中央到地方上下其手，再夥同一些所謂「學者專家」的人來幫閒，出席費 2 千元，亂提意見，不知所云，這些「學者專家」自己都不會蓋綠能電廠，憑什麼「指導」、「審查」這些綠能電廠？很多人連法規都搞不清楚，政府找他們來，因為聽話，只會配合政府官員亂出題目，會過不會過，政府官員早就安排好了，只是一起走過場。

臺灣的官員加學者專家審查制度不只在綠能，在環評、都市計畫、區域計畫、各種公共工程招標、行政審查中層出不窮，他們可曾為任何一個環境汙染、工業事故、投資失敗、爛尾樓、蚊子館負過一點責任嗎？

社運團體努力拆政府，結果政府只會越拆越大，越反核，結果老朽核電廠還不斷延役。為何不讓專業的銀行、保險公司來評估、承保各種公私投資，如果大埔徵收土地到核一、二、三廠延役真的像政府所說的「利大於弊」，有人敢保險，損失有人賠，我也認了。

如果臺灣沒有正常的銀保制度，而讓政府越俎代庖，將永遠在「市場失靈、政府失靈」的惡性循環中打轉、內耗、挫折，變成集體焦慮。

4. 環境決定我們的命運

　　中央山脈每年自然崩塌上億方的土石，……這是自然演育，不是天災。但「天作孽猶可違，自作孽不可活」，對於在地殼夾縫中生存的臺灣人而言，我們只能順天順地而為，想要投機取巧，最後註定滿盤皆輸。

人類的形體一直在改變，最近 100 年的改變我相信是最巨大而明顯的。因為交通發達，各民族通婚空前的多，形成更多的混血兒，我近年觀察臺灣年輕人的臉龐，已經有越來越強的南島民族的特性出現，在中國，南人北相，北人南相是正常的，美國、巴西則更不用說了，一家人什麼髮色、膚色的都有。

　　不過更大的形體改變，即是肥胖，這恐怕是人類從四肢著地的猿類直立起來後最大的轉變。我常戲稱，造成我們體重無限增加的主要兩個發明，恐怕是「汽車」與「冰箱」。汽車讓我們身體的活動減少，而冰箱則保證過多的卡路里可以隨時進入我們的身體，甚至一個星期完全不用出門。

　　我們比普羅米修斯教我們用火更進化了，我們學會開採石油，把祖先身體殘骸在地殼中儲存的石油偷來用，我們還會用電，把各種能量轉變成電，可以瞬間、不間斷的使用太陽存放在地球的能量。我們現在更隨意更改地表河川與山脈走向，將核電廠蓋在斷層帶、海嘯帶上，任意

擺放，卻忽略了一項重要的條件：地質。臺灣的地質，是否夠穩定，可以承載這些高風險的設計。

臺灣自古地質暴烈，走山嚴重

科學家最近發現，臺灣的地質和喜馬拉雅山很接近，可能是在一億多年前盤古大陸時期是一起在海底的，後來幾經「滄海桑田」的翻騰，相距千萬里，但同樣都是快速的上升、崩落。

臺灣以每年 3、4 公分的速度「長高」，如果沒有地震、土石流、颱風，臺灣今天應該有 1 萬 2 千公尺高，而今天玉山只有近 4 千公尺，換句話說，8 千公尺的山在造山運動中不斷的崩落；甚至有人認為，阿里山原是玉山的山頭崩落下來的，這樣的傳說雖有待更多的科學證實，這也顯示臺灣地質「暴烈」的可能性。

即使 921 大地震在地質史上並非最高規格的，而雲林縣古坑鄉的崛畓山大崩塌，傾洩的土石達 1 億 2 千萬立方公尺，且走山 3 公里，這也是一個警人的地質現象。

臺灣幾百年的歷史中只記載了幾次較大的地震，但臺灣在過去 4 百萬年的變化是非常劇烈的，想一想，菲律賓板塊和歐亞大陸板塊擠壓，形成隆起，海底上升，每年 4 公分，經過 300 萬年，這樣累積下來，臺灣至少應該高達 12,000 公尺，而今天玉山只有近 4,000 公尺，換句話說，有 8,000 公尺（占了 2/3 的高度）在地表的塑型中崩壞了，因為地震、颱風、土石流劇烈的「造山運動」是與「毀山運動」同時進行。

有人假設阿里山是從玉山上崩落下來的，雖然缺乏足夠的證據，但是如果是真的，也不難想像了。

臺灣中央山脈高山是讓臺灣成為今日可以適合人居的主因，山脈

擋住也保留了海上的水氣，讓福爾摩沙島成為北迴歸線上少數的綠色島嶼。因為南北迴歸線一帶的氣候因素，若島嶼地表是平的，大多形成沙漠，小自澎湖列嶼，大到澳洲沙漠、撒哈拉沙漠，繞著地球儀轉一圈，南北回歸線都是沙漠帶，而臺灣幸運的成為綠色的寶石。

中央山脈不斷的土石崩落，也造就了西部平原，讓物種有了養分，人類也可耕作畜牧，建立文明的社會。在不斷的造山、毀山運動下，滄海桑田，三十年河東，三十年河西一點也不錯。

臺北亦然，基隆河舊河道成了今天的士林夜市所在，以前的灌溉渠道瑠公圳主幹成了新生南北高架，支流成了許多彎彎曲曲的小徑。像羅文嘉經營的水牛出版社所在的大安區瑞安街，就是一條瑠公圳支流。

大安原名「大灣」，就知道是一個多水的地方，臺北地名不止大灣，內湖、南港、汐止也都和水有關，如汐止是淡水河的感潮帶的最後終點，「潮汐所止」；石碇是小船可以從艋舺（萬華）開到下碇的地方，這都是百年內的景象，今天已經難以想像。

我對鹿港很有感情，老友「環保弘法師」粘錫麟、臺大教授施信民、核電廠的施鴻基、施永津都是鹿港人。專精鹿港文史的粘錫麟在自我介紹時常說：「我是金朝粘罕的後代。」他們的先人都是明鄭至清代時期遷到鹿港的，3、4百年前，鹿港天后宮外面就是海，相傳施琅與清軍就是在這裡上岸的，而今天天后宮離彰濱海岸還有十幾公里。

鹿港有「舊濁水溪」，粘錫麟說，這是「三十年河東，三十年河西」最好的證據，過去200多年間，濁水溪改道7次，所以才有「舊濁水溪」。而近60年因為大量的攔沙壩，河堤，疏浚工程，濁水溪不再改道，但是臺灣西部的沙洲，外傘頂洲因為沒有補沙，逐漸消失，臺灣西部的沿海地形原來像是「中廣身材」，現在則逐漸出現「腰身」，臺塑麥寮六輕要忙著填海定沙，才能穩住。

　　中央山脈每年自然崩塌上億方的土石，我們不必把這牽託給濫墾濫伐，這是臺灣的天命，地震、土石流、颱風、山洪、海嘯，造就了臺灣，百萬年來如此，這是自然演育，不是天災。但「天作孽猶可違，自作孽不可活」，對於在地殼夾縫中生存的臺灣人而言，我們只能順天順地而為，想要投機取巧，最後注定滿盤皆輸。

不能與地為敵

　　高雄綠色協會總幹事魯台營在八八水災前就把日據時代製作的「臺灣堡圖」，和 Google Map 套疊起來，預言高雄的水患和過去的地形地勢有關。但即使真的發生了，也沒有人在意，因為大量的房地產開發正在堡圖中的易淹水地帶。

　　不論是天然河道，或人工溝圳，到了近年，都成了老天和人工「地下化」的對象。八八水災就是最好的例子，把高屏溪上游高山上數億立方公尺的土石帶下，高雄甲仙小林村被獻肚山崩坍滅村，只是大地重複她過往百萬年的例行工作。如果用縮時攝影來拍攝臺灣300萬年的過程，成為 1 小時的影片，可以想像，臺灣從海上隆起到今天，有如一個土石流的巧克力噴泉。

　　2009 年 8 月 24 日，我在八八風災後第一次隨同文史工作者鄭水萍先生進入小林村，一路上我唯一留下深刻的印象：臺灣的土地、大山竟是如此軟綿綿的，柔若無骨，也警覺到過去 400 年來，臺灣人其實是生活在相對極為安穩的臺灣土地上，八八水災、獻肚山崩落，只是她輕微的扭動小指頭而已。

　　八八水災後，我到屏東林邊一帶，高屏溪的下游平原，想像不到會有那麼多的泥沙出現，以前這些泥沙是農作物的養分，但現在成了鄉鎮

城市最大的殺手。

屏東人從泥濘中勇敢的站起來，縣長曹啟鴻想出了「養水種電」，用屏東天賦的太陽，將被土石毀壞的田園、魚塭發展成太陽能的重鎮，一方面解決災民生計，一方面以南臺灣充沛的陽光轉化為電源，促進太陽能產業，也可減少溫室氣體，但是曹啟鴻卻踩到了經濟部與臺電的痛腳，因為太陽能若大量開發，將嚴重衝擊到進口火力、核電燃料與大規模電廠的既得利益，後來曹啟鴻吃盡苦頭，一開始參與計畫的阿波羅太陽能公司也倒閉收場。

這並非太陽能在屏東不可行，相反的，是太可行了，足以瓦解長期進口能源與電廠的既得利益的「國本」，所以這些人必須將養水種電除之而後快，否則北迴歸線以南的各地方政府紛紛仿傚，不用幾年，不但核電廠可以被替代，就連火力電廠也會大量減少。於是，莫名其妙，既不合情理，也不合法的臺電與經濟部的繁文縟節紛紛出籠，讓建太陽能電廠的難度不亞於蓋核電廠，看看你們這些綠電份子還能不能活。

5. 民粹才能興邦

「民粹」才是解決今日台灣經濟、社會、政治、兩岸、國際關係困局的良方，打破兩千多年來儒道的「牧民」思想、台灣官僚體系的威權思考方式，以及民意代表自甘墮落淪為行政部門附庸的政治困境。

如果我們不了解這塊土地，和土地上的居民，不清楚土地的資源，也沒有思考想要過什麼生活（其實大多數人就只知道三件事：賺錢、省錢、存錢），沒有依據事實的規畫，就不可能給下一代一個可持續生存、發展的環境。臺灣的總體危機是非常明顯的，人口出生率低落，癌症罹病率節節高升，黑心食品無所不在，環境汙染暗管橫行，致命的核電輻射汙染任意排放，臺灣逐漸從亂邦成為危邦。

　　新秩序的建立，不能要求政府，而是實現公民社會，每個人有公民意識，彼此學習，以事實為依據，放棄過去錯誤的包袱，這就是「民粹」。「民粹」在中文中已被污名化，但我們看看維基百科對「民粹」的定義：

「民粹主義（英語：populism，又譯平民主義、大眾主義、人民主義、公民主義）意指平民論者所擁護的政治與經濟信條，是社會科學語彙中最沒有精確定義的名詞之一，也可以被當成是一種政治哲學或是政治語言。學術界有關民粹的討論甚多，但是把它當成一個獨立學術概

念來處理的卻很少，主要原因是民粹主義呈現的樣貌過於豐富、難以捉摸。

民粹主義通常是菁英主義的反義詞。支持菁英主義者認為，人民易於從眾，缺少知識，沒有思考能力且反智，容易受到感情影響。在古希臘城邦發明民主制度之後，應由菁英貴族或一般大眾來掌握政治，就出現爭論。反對民粹主義者認為，民眾易於被煽動，主張由政治菁英來做出決策，否則政策推行將陷入被動的局面，形成暴民政治；支持民粹主義者則訴求直接民主與草根民主，認為政治菁英腐化且不可相信，希望由人民直接決定政治事務。」

我個人認為「民粹」才是解決今日臺灣經濟、社會、政治、兩岸、國際關係困局的良方，打破兩千多年來儒道的「牧民」思想、臺灣官僚體系的威權思考方式，以及民意代表自甘墮落淪為行政部門附庸的政治困境。可惜我看到「拆政府」到「三月學運」的結局，都是人民又把主權交還給政府、議會，而人民力量並未系統化而可持續的集結、發展，大家仍習於依附在「大有為政府」思維，想把問題再交給政府、立委解決，人民並未想要取而代之，仍以為「政治是骯髒的」，只想坐享其成，而沒有下定決心挽起袖子，不畏濕熱走進政治的廚房，這是延續了「中國讀書人」述而不作的傳統文化，醬缸，永遠是醬缸。

我觀察臺灣的亂局核心，總統與內閣，自李登輝以降，都是由第二次世界大戰後出生的「博士菁英團隊」所領導，這群領導階層從小到大在黨國教育體系中成長，不論是執政者，或反對者的「博士菁英」，一路走來都是以考試中的「標準答案」過關斬將，獲得學位，雖然品學兼優，滿腹經綸，各有所專，但缺乏生活經驗，特別是與人相處的能力，客氣有餘，誠意不足，因為他們認為老師給的才是「標準答案」，一旦成了閣員、閣揆、總統，二十年媳婦熬成婆，自己成了老師，自然認為

他出的題目給的答案永遠是對的，不同意見的，就是錯的，即使他們自認為是大公無私，自我感覺良好，但在個個自有「標準答案」的菁英領導中，人人師心自用，而無法成為團隊。

中國兩千年來的科舉都是個人秀，不能合作，也不能談合作，因為考試是極度個人的事，是一個人自顧自的寫答案、寫論文，如果答案是對的，就過關了，十年寒窗無人問，一舉成名天下知。在兩千年歷史的潛移默化中，大家都有了「大一統」的思想，尋找「標準答案」就是仕途的終南捷徑。而「考第一」則更是重要，唯有在考試中打敗別人，才能當狀元，有機會成為一人之下萬人之上的封疆大臣。

士大夫觀念的中國知識份子

2002 年我第一次去蘇州，想一睹大學時在東海建築系旁聽黃永洪所講的蘇州庭園。本想和太太、女兒在蘇州停留三天，好好欣賞蘇州庭園之美，但第一天的下午就決定離開。因為看了兩座庭園後，發現每座庭園背後的歷史都差不多：年輕人進京趕考、中第、當官，及其老矣，告老還鄉，相當今日的斥資億萬，在蘇州興建豪宅，而且一定蓄小妾若干，這是中國知識分子的楷模。

看到這些歷史，我的憤怒油然而生，這些都是讀書時候「中國文化基本教材」所沒有教的「典範」，但卻是活生生的事實，這些庭園的主人事實上今天還是比比皆是，他們一生公務員，中國自古以來當官的就不會有太多薪水，因為這是「知識分子的風骨」，清廉的高風亮節，多麼偉大，令人仰止。但是他們退休後，如何會有那麼巨大的財富可以建豪宅、蓄小妾？而蘇州庭園活生生的供奉著這種腐敗墮落的思想。今天公務員貪個幾億，不倫戀、偷情，算得了什麼？

　　「如果當年我是紅衛兵，我可能會把這些庭園燒了，才是真正破四舊！」這是我在逛蘇州庭園時的想法。太太認為我太嚴肅偏激，這些是歷史，但是我忽然明白在中國，或是臺灣的官僚體系敗壞的真正心理狀態，就存在這些庭園的故事中，而中國人也好，臺灣人也好，都沒有系統性的思考過今日亂源之根。

　　我厭惡的另一個中國名勝是長城。

　　在美國總統尼克森訪問中國前，長城一直是中國人心中的一條深刻的疤痕，長城興建的原因、過程與效用，都是非常殘酷而泯滅人性的故事，多少奴工血淚，盡付笑談中，成了孟姜女哭倒萬里長城的淒美故事。漢人為了建立「華夷之分」，就築起高牆，企圖把北方的異族阻擋在牆外，從兩千多年前的春秋戰國的秦、趙、燕、魏等國相互的戰爭，與防禦北方的「胡人」，競相興建高牆。

　　最被人所頌揚或咒罵的，是秦始皇所興建的長城，秦始皇是所謂的「暴君」，也是奠定中原一統「法統」的開端，在這之前是號稱有八百諸侯的周朝，周朝的諸侯相爭，造成了西周、東周，東周又分為春秋、戰國兩個時期，春秋戰國戰爭頻仍，民不聊生，卻是中國有史以來思想最興盛的時代，即使在當時文字未統一，卻也有諸子百家，儒、道、墨、法。

　　秦始皇中止了周朝的諸侯天下，制定了統一的文字、度量衡、交通、貨幣，其實是經濟的趨勢促進了統一的機制。自商朝以降，住在中原的，大家都是商人，商之所以為商，是交易、生意，不和他們交易、做生意的，就是蠻夷，建立起「華夏之防」。其實中原人並非「漢人」，而是「商人」，中原的禮儀，是為了生意方便，秦始皇之所以有機會統一，是中原商人形成大勢所趨，他只是一個減少當時貿易壁壘的推手，就像今天的 GATT，WTO。

貿易金融統一了中原

雖然是商人的貿易、金融促進了中原統一的局面，但商人在社會階級上卻是非常「低調」，在排名下來，永遠是「士農工商」，商人在當官的讀書人、農民、工人的後面，實質上卻是商人決定了各個朝代的走向。

看看歷史，歷代改朝換代，哪次不是經濟、商業活動的改變？中原以外的「外族」少數民族，從五胡亂華開始，就「入侵」中原，武力改變了一時的政治朝代，之後實質支配人民生活的，還是商人，而且一向是中原的有錢人支持外族的入侵，才讓人數絕對少數的外族有機會統治絕對多數的「漢人」。孫中山在 120 年前成立興中會時，主張「驅逐韃虜，恢復中華」，到辛亥革命成功後，變成了「五族共和」，經過幾千年的血緣融合，誰是中華、誰是韃虜？所以日本人說，滿洲是你們「驅逐出去」的外邦，哪有「侵略」中國？

孫中山的革命成功，支配中國人民生活的，還是孔宋家族。就像 2000 年陳水扁當選總統，支配臺灣人生活的，仍是那些財團家族，選舉的金主才是真正的執政者，權勢永歸於富人，是歷史上永遠的「蕭規曹隨」，在歷史中決定的是生意的輸贏，而非政治的改朝換代。

富人以「菁英」來包裝他們默許的當政者，各種包裝精美的宣傳，讓庶民被博士、院士、教授、學者的光環所迷惑，其實這是商業化的科舉「布衣卿相」的神話。

系統化的思考，是今天臺灣社會所欠缺的，不論官、民、學、媒都在衝動、無奈（不是妥協）下作決定，而背後又暗藏著不見天日的陰謀、算計，而非公開透明的規畫、決策、執行、改進運作模式，結果是充滿了不信任、不安，成為下一次衝突的雷管，永無寧日。像太陽花學運，創造了新興的「學運政治明星」，臺灣人似乎期望的是另一群「菁英」

來取代老而不死是為賊的菁英，而不是想出、創造出由人民當家做主的公民社會。

黃國昌、林飛帆與陳為廷等人應該是會議的主持人、執行者，而不是決策者，但在群眾、媒體的追捧下，成為「學運領袖」，這會毀了一群優秀有思想的年輕人，也讓深化民主失去一次機會。原來是打倒菁英政治的民粹運動，結果群眾與媒體又創造了新的明星，形成另一個菁英領導階層，等於是再次剝奪了他們「庶民參政」的權利，他們永遠失去普通老百姓暢所欲言的權利，因為他們有了媒體放大效應的魔法。過去歷史證明，昔日芳草，今日蕭艾，歷代開國君主，到現代李登輝、連戰、陳水扁、馬英九不也曾是眾望所歸的世代菁英，終成人人喊打的過街鼠。雖說這是一代新人換舊人，其實是群體的愚昧一再毀棄了前面得到權力的菁英。

經過解嚴二十多年，我們還沒有學習發展出一套公開透明的思考、對話、討論、決定、執行的民主程序模式，這恐怕是臺灣民主最大的反挫。

40 年來核電議題是這段反挫過程中最有進展的，從 90% 以上支持核電的，到 70% 反對核電，這代表人民已經從執政者的神話中覺醒，我希望這點覺醒的「星星之火」不致滅去，反而能夠成為臺灣重振民主、經濟、環境、生態、文化的力量泉源。

為什麼政府越拆越大？

最近「拆政府」在大埔事件中成為顯學，但是回顧解嚴後 26 年來，這政府似乎越來越大，成為「大無畏」的政府。而且政府無所不在，管東管西，現在連「全亞洲臺灣人最幸福」都被管出來了。

　　從戒嚴威權體制走出來，就是「拆政府」的運動，但是這個國家的人民在這 26 年中習慣於速食店「得來速」的「民主漢堡」，在民主包裝下，看起來美味可口，但實際上卻包藏禍心，如果你每天吃麥當勞的漢堡、薯條、奶昔這些垃圾食物，就會像《麥胖報告》（Super Size Me）這部紀錄片裡的導演的自身實驗，一個月下來，就從 32 歲健康的人，變成各種身體健康指數極差的人。

　　這是人民不用頭腦，只想讓官員去做事，結果造成惡奴欺主的下場。戒嚴期間，沒有人想當公務員，現在人人想當公務員，以前公務員沒什麼油水，現在很多人一輩子當公教人員（大學教授，後來當官），申報的財產金額卻能嚇死人，像馬英九、周美青夫婦，財產上億，更不用說李登輝、連戰了。

　　這是科舉時代書中自有黃金屋的遺毒，也是封建科舉制度培養順民的中華文化傳統。我們身陷其中，而不自知。

　　人民如果不認真管政府，就會被政府管。民主社會，所有的官員都是由人民組成的，但一旦成了官員，他們就開始作威作福，因為人民管不到他們，他們卻「理所當然」的用人民的錢管人民。這是老百姓的自作孽不可活。

　　在戒嚴前後期間，所有的運動幾乎都在拆政府，解構政府的權力來源，從法律、社會制度、經濟制度上，像廢除動員戡亂時期臨時條款，到廢止刑法 100 條（內亂罪）等，到鹿港反杜邦、後勁反五輕，以及各種勞工、婦女、殘障、消費者運動……都是在瓦解威權體制與政府過多的干預。

　　不知何故，許多的運動結果是授予政府更大的權力，例如：

• 反媒體壟斷，國家通訊傳播委員會得到了媒體的生殺大權，媒體在政府受到更多政府的箝制，而忽略了閱聽人（消費者）的選擇權利；

• 教育改革，讓政府訂出了教綱，老師與學生失去了學習的權利，大學評鑑，只是讓大學更為貧賤，而失去了學生選擇適當大學的權利。

• 反對眾多的不當開發，結果讓政府指派的環評委成了開發單位的護身符，過了環評，大家就一籌莫展；反對土地徵收法，又給了內政部更大的裁量權；

• 勞動基準法，讓政府和企業更可以聯手壓制勞工薪資，因為勞工授權政府訂下了「最低工資」，而喪失了與資本家（雇主）協商的權利。

• 反對風車，結果讓一直坑殺再生能源的經濟部能源局有了光明正大，用「適當距離」消滅綠能的權力。

• 反核，不是只有街頭運動，廢核四，更要從政府組織，改組傾核的原能會為公民參與、透明機制、人民共管的「核能管制委員會」，才能面對（而非解決）如附骨之蛆的核廢料和隨時可能核災的老朽核電廠。

可惜公民運動熱情有餘，但一直欠缺集體深層思考的訓練與實踐。

我們的社會運動到底出了什麼問題？

拆政府是硬道理，問題在怎麼拆、拆哪裡？

回歸人的價值！

「我是人，我反核」把人的價值置諸核電的價值之上。今天人的價值如果都是由政府來認定，那麼人民就沒有價值了。以學歷為例，現在所有的學歷證明都是教育部發的，但是教育部官員能夠決定誰具有國中、高中、大學、碩士、博士的能力嗎？都是官僚制度下的產物。

在美國的高等學習委員會（美國認為學習才是核心）中，高等教育

有大學與學院的協會，由協會會員（大學或學院）相互承認、認可，由大學自己相互承認學分、學歷，而不是政府。州政府、聯邦政府補助的是學生，由學生選擇學校，政府就必須把經費依規定提撥給學校，所以學校是為了滿足學生學習的需求和其他利益相關方（如家長、老師、未來的雇主、校友會、社區…）而存在的，而非滿足政府訂下來的框架。

在歐美國家執業與職業的資格，是由職業團體或公會認可的。律師，各州有律師公會認定律師執業的資格，不是政府，除非律師犯法，否則政府也不能吊銷律師資格。建築師、會計師、品質工程師……也是如此，不是政府認定，而是各個專業團體決定。如果專業團體管理層違法違規，會員會依規定制裁，如侵犯他人權利，則由司法機關介入偵查、起訴。行政機關的權利是非常有限的，因為行政人員只是服務而非管理，更非管制，他們怎麼可能了解各種專業的需要呢？更不可以為專業或專業團體決定他們的方向。

當然，公務人員的資格，也應由公務人員自己來訂定，並有在職進修、淘汰的制度，而不是由「考試院」的考試來決定。政務職，是一朝天子一朝臣，隨民選首長而異動，事務職則是有一定的資歷與工作表現，即使回到民間單位，也是一把好手。像美國軍官，受到比一般平民更多的訓練與經驗，是企業爭取的人才。臺灣的考試制度比中國更可怕，因為有「考試院」，根本無法評測人的能力與學習力，只是要標準答案，答對了就過關，一輩子混吃等死，退休還有18趴，週休7日，月領7萬，看在一般百姓眼中，這些人是今日「貴族」。

在司法方面，我們必須採取全然公開透明的「陪審團制」，讓公民參與、決定司法的判決，而不是現在「觀審制」，半透明的「霧裡看花」，人民成了「觀審花瓶」。

當全世界各國為了走向更民主、更透明公開，把所有產品、品質認

證的「服務」都「去政府化」，但臺灣卻反行其道，把認證的「權力」都成為政府官員的禁臠，ISO 9000、ISO 14000，全國認證基金會是經濟部標檢局的，食品良好作業規範 GMP 是工業局的，優良農產品 CAS 是農委會的，環保標章是環保署的，服務業良好作業規範 GSP 是經濟部商業司的，每天「國家認證，品質保證」的廣告漫天價響，想一想，沒有品質，滿嘴謊言的官員，程序不公開、不透明，憑什麼可以認證別人？

黑心商品、黑心食品，哪一家沒有政府認證？臺灣人還有人吃這一套，吃死了也沒有人該被同情。

透明思考：公民的責任

公民非順民，除了「公民不服從」外，更要有監督、改變的能力，當我們選擇成為「公民」，而非「百姓」時，我們注定要走到一條人跡罕至的道路上，有時甚至無路可走，或無路可退。

反核是一個公民責任的試煉，這具備所有公民運動的特質，如何用「公民電廠」打垮臺電，這是未來的目標與路徑，因為電是我們決定的，而不是政府決定的。

世界多變、難測，永遠沒有絕對的「標準答案」，只有不斷跌跌撞撞的選擇，不要期望「大旱望雲霓」的治世，一個公民社會只有不斷持續的變動平衡，選擇權是我們的權利，不用痴望「最佳選擇」、「第一名選擇」，而是讓資訊公開，給大家一起選擇的機會。

要實現公民社會、民粹社會，必須有絕對的透明公開機制，讓所受公民所託，有權力、服務責任的公務員在透明公開的機制中工作。可能很多人不知道，美國總統的一言一行都被嚴格記錄，錄音、錄影、筆錄，而且依照保密等級，最終 30 年內都必須全然公開。即使中國的國家領

導人也有類似的機制，只是他們不會公開，作為內部管制的手段。

　　臺灣的總統、官員都太隨便了，可以隨便說話、隨便做事，這完全是因為沒有即時、有效的公開監督機制，如果透過媒體的第四權，即人民知的權力、直接監督的權力，又大權旁落了。

第二篇

基本人權：陽光空氣水，與電

我相信未來的世界，人類必須追求到自己可以控制的能源與
資訊，才能做自己的主人。

6. 尋地球的根

> 雖然這幾千年來地球看地來很安穩，孕育出人類文明，但是
> 生性暴烈的地球是不可能受人類的科技、文明、汙染、環保
> 所左右，人只能順天，不能逆天，按照地球運作的規則找出
> 生存的空間。

地球並不是一塊石頭，依照「蓋亞（Gaia，希臘神話的地球女神）理論」，地球是活生生的有機體，和地球上的動植物、微生物共生，孕育出今日的萬物。

　　1992 年我負責的臺灣地球日出版社，出版了英國科學家洛夫洛克（James Lovelock）的《The Age of Gaia（后土）》中文版，在編輯這本書時，不知不覺的與作者共同漫遊在太初渾沌的地球。這本書深深吸引著我，也影響我的地球觀──人沒有必要保護地球，反而是要保護自己不在地球時時的變動中受到傷害。

　　地球一直到 4 百萬年前的「第四紀」才相對安定下來，但是正如我們生命中有許多不安定的因子一樣，隨時都可能爆發出一場難以預料的動盪，對人類而言，則是毀滅性的災難。不論是被小行星撞擊，冰河期的冷熱循環，都是造成地球生命網巨大波瀾的動力。而平時，在這張生命的網上，仍是餘波蕩漾，人類只是扮演著小小的角色，不是我妄自菲薄，我們對地球面貌的改變恐怕還不如白蟻，更遠遠不如海中的珊瑚蟲。

雖然這幾千年來地球看起來很安穩，孕育出人類文明，但是生性暴烈的地球是不可能受人類的科技、文明、汙染、環保所左右，人只能順天，不能逆天，按照地球運作的規則找出生存的空間，我們只能「發現」地球的規則，而不能發明規則。

　　近年流行起溫室效應問題，論者認為太多的化石能源燃燒，放出二氧化碳，地球的氣溫上升；海平面上升會造成許多城市淹水，氣候極端化，影響人類生存，所以要控制地球的二氧化碳濃度，控制地球溫度，甚至流行起一股「±2℃」的說法，意圖將地球溫度控制不超過 2 攝氏度。

　　其實不用知道地球的生命史，我們一天的氣溫變化都超過 2 度，有一點常識就能判斷我們不可能去測量地球的「體溫」。即使我們恆溫的體溫也會有 2 度的變化（如發燒、失溫），體內與體表的溫度也超過 2 度的溫差。溫度暖化上升的現象，在都市地區是最明顯的，所以大家明顯感到熱，這是「天龍國效應」，以為臺北熱，全臺灣都熱，只要臺北不淹水，就以為全臺灣都沒事，感受到的和真實情況的差異幾稀。

兩隻跳蚤的寓言

　　就像 James Lovelock 在《后土》所舉的「跳蚤籠」的寓言，美國太空總署的科學家很努力的製造出一個捕跳蚤的金屬籠子，準備裝在登陸火星的登陸艇上，以證明火星上有生命。太空總署科學家們的假設是：火星就像沙漠一樣，沙漠就會有駱駝，登陸艇太小，不可能把駱駝帶回地球，而駱駝身上一定有很多跳蚤，「跳蚤籠」可以捕到跳蚤，把跳蚤帶回來，因此可以證明火星上確實有生物。

　　這故事是不是比「緣木求魚」更缺乏邏輯與常識，以自己淺薄的局部經驗來化約未知的世界，妄想從自己設定的結果，來推定自己設定的

原因。

　　我很幸運的念過東海大學生物系（今日更名為生命科學系），讓我學到一點科學哲學＝。還記得昆蟲學的教授孫克勤在一上課的時候就舉了一個例子：昆蟲學家拿跳蚤作實驗，他花了很長的時間，訓練了一群聽話而且會跳的跳蚤，他非常精準熟練的用手術刀把跳蚤的前二肢切除，然後叫跳蚤跳，跳蚤就應聲而跳，他又精準熟練的切除了另一隻跳蚤的中二肢，然後叫跳蚤跳，跳蚤聽到指令，又跳了；他又拿了一隻跳蚤，依然精準熟練的切除了跳蚤的後腿，原來一聽到跳的指令就會跳的跳蚤竟然不跳了。這位昆蟲學家重複做了幾次實驗，而且也請別的科學家重複相同的實驗，證明「跳蚤的耳朵長在後腿上」。

　　從科學方法與邏輯上，「跳蚤的耳朵長在後腿上」應該是對的，但是忽略了其實後腿是運動器官而非聽覺器官的事實。

　　統計學也是非常弔詭的，我在美國學習「統計過程控制」的時候，許多人都以為是「統計學」，但事實上是從測量的讀數變化，了解過程的變化，能夠事先預防或預測到過程的變異，有一個很有名的統計詭論的例子：一個不會走的鐘，在統計上是最準的，因為它一天可以準兩次。你能說不對嗎？

　　太多人用科學、統計學來迷惑人，從秦始皇找術士煉製長生不老的仙丹，中古世紀的冶金士，到今天的核工專家，都是用一些偽科學、偽統計學的幻術來迷惑領導者與人民，包括「±2℃」的論調也是大家一目了然，但不符合基本事實的事。這都是不了解因果始末的結果，無怪乎若追到最後，這和 2007 年以降的「核能復興（Nuclear Renaissance）」難脫關係，因為只從二氧化碳來看地球暖化的褊狹概念，讓一般大眾和沒有頭腦的領導人「一看就懂」，但事實並非如此。

地球最大的碳保存地在海洋

地球初始階段，就充滿了二氧化碳、甲烷這些溫室氣體，海洋的形成，吸收了大量的二氧化碳，和大氣中的有機物質，後來在海中出現了生命，主要是藻類、浮游生物、珊瑚蟲這類微不足道的微小生物，不斷的吸收水中的二氧化碳，遂蓄積成了一個巨大的碳匯，讓地球的大氣層逐漸形成，而適合生物從海洋中登陸陸地。

換句話說，地球真正最大的碳保存地並非陸地，而在海洋，陸地樹木的固碳能力遠低於海水、海水中的微生物與藻類。一方面，樹木的分布只在占地球表面積 30% 的陸地，而海洋中固碳的生物和海水緩衝吸收的二氧化碳則是三度空間的，二氧化碳的吸收能力就像摩天大樓。然而工業革命後，人類卻把海洋當成最後的垃圾場，所有的空氣、水、土壤的汙染物，都流往了海洋，毒殺了孕育地球生命的搖籃。

生態環境議題的根源與結果都是海洋汙染，但平時聽到酸雨、溫室效應、卻很少聽到海洋汙染的問題，然而海洋汙染是所有人類生存威脅恐懼的總和。無論從海水中的重金屬，如水銀、鎘、鉛、多氯聯苯、戴奧辛……，經過海中浮游生物吸收，然後經過大魚吃小魚，小魚吃蝦米，蝦米吃水藻的食物鏈，累積成人類「海鮮文化」重金屬搖滾的主要成分。

太陽，生命能量的源頭

從地球整體來看，基於物質不滅與物質循環的定律，我們現在吸進一口空氣，這空氣中的氧被肺泡吸收，然後不斷作用，可能成為二氧化碳排出，或是最終在我們死後，火化為二氧化碳，或是其他的碳氧化合物，這氧氣的原子或分子，還是幾十億年前的那顆氧氣的原子或分子，我們和地球萬物有機的結合在一起，其實是無法分割的。

　　人類只是地球上的物種之一，億萬年演化中必然與偶然結合出現。生命生物只是地球演化中階段的產物，很難找到具體的證據，而需要從地質的證據中，推測過去的可能性。

　　從 45 億年前地球的誕生到今天，地球主要的能源來自太陽，所有的動植物生命的有機能源都來自太陽，從我們的身體到石油是過去的植物透過光合作用轉化為能源轉化而來，有的儲存在我們的身體中，有的則儲存在地下，而水力、風力、潮汐的動力來源也是太陽。

　　太陽將水蒸發起來，形成雲，凝聚成雨滴、落下，在山上匯集成上游的水源，流下時的位能差轉變成動能，可以推動水車產生動力，或是推動線圈轉動產生電力；風力除了地球自轉的空氣流動動力外，主要的動力還是來自太陽的輻射熱與大氣的熱對流產生風力，可以成為動力，也可以發電。

　　地球所有生命有機的能源與動力，都來自太陽，從生命最基本的水的氫氧循環，有機物的碳循環，蛋白質不可或缺的氮循環，以及生命中重要元素鈣、鉀、磷、鐵、鈉、鎂⋯⋯等循環，基本上都離不開太陽的能量。因為太陽給地球的能源，使地球上這些物質的循環變成可能，而形成可以複製的有機體，形成核醣核苷酸（RNA）、去氧核醣核苷酸（DNA），使生命出現，這些核苷酸分子支配了生命有機體的各種元素排列組合，形成了生命的循環。

　　這過程大致上是：太陽光照到植物的葉綠素，在葉綠素中的光反應，光能把水（H_2O）解成氫氧，經過葉綠素中的暗反應，把空氣中的二氧化碳轉換成葡萄糖，形成生命物質的能量，而且再組成其他的較大且複雜的有機物質，包括植物體中的蛋白質、脂質等。動物吃了植物，或是小魚吃蝦米，動物吃動物，再形成動物的體質。無論動植物代謝物或死亡後，再被細菌分解，再成為簡單的分子，再到生態中循環。

所以地球生命的能量與起源來自太陽。

各文明、民族都有自己種族源起的神話與傳說，這只能追溯幾千年的歷史，而文字的歷史僅 5 千年（蘇美人的楔形文字可考於 3500 年前）。所有的文明都不脫離月亮、太陽、星星，以及大地動植物。而太陽在各民族中都具有不可取代的地位，從中國的「天無二日」，希臘神話的阿波羅太陽神，以至墨西哥的阿茲特克人（Aztec）以生人活祭太陽神，太陽主宰地球生命的地位亙古不滅。

但人類的歷史所能看到的地球歷史，只是千年一瞬，若我們將地球 45 億年的生命比擬為一年，人類大約在 1 百萬年前由直立猿人轉為現在的人類，1 百萬年似乎很長，但在這地球一年中，人類只是在倒數半小時左右出現，也就是 12 月 31 日晚上 11 點 35 分，至於人類的 5 千年歷史，則在午夜前 30 秒而已，也就是半夜 11 點 59 分 34 秒左右。

火，人類文明的開端

人類從薪柴取火開始，後來使用煤，19 世紀以後，是石油的世紀，石油是數千萬年前動植物的遺體轉化而來，它們的身體累積了太陽對葉綠素光合作用的能量，植物直接用這些能量，動物則是吃植物獲取來自太陽的能量。

考古學家認為，人類開始用火是近 1 百萬年的事，這是非常重要的轉變。人類會用火，是直立猿人演化成為人類的原因，火是把太陽儲存在有機體中的能量經過劇烈的氧化放出來，讓直立猿人可以掌握沒有太陽時候的太陽能量——火，於是改變了演化的歷程，走向「變人」的路上。因為火的熱量可以把動植物的蛋白質分解，這樣有助於讓這一支會用火的直立猿人吸收更多的養分，有助於腦部的發育，使他們逐漸演化

成人類。無論今天的黑猩猩、低地人猿和人的基因有多近，也會使用工具，甚至可以用手語和人類溝通，但關鍵是它們都不會用「火」，火在進化中占了絕對重要的位置。

在地球的演化的歷史中，會造成物種大規模滅絕的冰河期，因為低溫而使動植物無法生存，火也讓人類祖先有了禦寒的工具，使人類能夠度過冰河期，不致滅絕。

希臘神話中的普羅米修斯（Prometheus）和智慧女神雅典娜共同創造了人類，並教給人類許多知識與技能，但他違背了宙斯的意旨，將火傳給了人類，普羅米修斯因此受到處罰，被鐵鍊鎖在高加索山上，每天被鷹啄食內臟，又每天長出來，鷹再來啄食，周而復始日日接受這樣的折磨。這似乎寓意著，凡是掌握能源的人，或是神，都要付出相當的代價。

火是人類源起與文明中儲存、轉化太陽能源的介質，而火的來源直接或間接還是來自太陽。不論是薪柴、石油，都是太陽光經過植物光合作用而儲存的能量，經過氧化，再還原回能量與熱能。火，使人類脫離了黑暗，建立今日的文明與文化，但是這場能源的戰爭，其實還沒有開始。再過幾年，如果地球上的化石燃料匱竭，勢必會引起全球性的紛亂、恐慌與戰爭，沒有能源，就沒有食物，在今天的文明世界中，我們還沒有辦法逃過這一劫，除非我們在這之前能夠想出解決之道。

地球人口在 19 世紀後遽升，現在有 70 億人，80 億、90 億，100 億，指日可待，但人類不能沒有能源，除非回到千年前的生活。我在 2009 年去吳哥窟，最大的感嘆是，當地的居民可以過著 1 千年前的生活方式，而我卻早已失去了這樣原始的生活能力。如果沒有石油、汽油、電力，我還能活得下去嗎？到時候，有什麼正義、慈悲、惻隱之心可言？大概會不惜一切去掠奪能源，讓自己過舒服一點的日子。

7.　啊！法拉第

我一直在想，法拉第如果活在今日，他會做什麼？我猜想，
他一定會專注於現在位元和電的關係，把電信與電力結合在
一起，就像把電和磁結合一起產生動力，電信與電則會產生
更無窮盡的可能。

普羅米修斯，神話的神；法拉第，凡間的人。普羅米修斯的火讓人類在百萬年前從直立人猿走向今人之路，人類一直在火的光與熱中演化出人類的文明，從烹煮食物，到傳說中項羽火燒阿房宮，火在人類文明中無所不在。邁可‧法拉第（Michael Faraday，1791-1867）則是把電能導引成電機的先驅，1831 年他把電磁感應發展成發電機，成為電機之父，170 多年後的今天，電無所不在，有電才有電信、資訊產業。

電，結合天、地、人的能源

瓦特利用蒸汽的動力推動輪軸，把太陽的光能間接轉化成機械能，這是人類開始利用機器，造成 2 百多年前的工業革命，而使工業革命走入 20 世紀的電力文明，到 21 世紀的光電資訊文明，則是電的出現。

影響法拉第的是詹姆士‧悌特爾（James Tytler），一個在他出生年代不被認同的科學家，悌特爾的「光、熱、電與聲音都是能量的現象，

只是運動方式不同罷了。」這樣的觀察在當時引起人們的訕笑，而年輕時的法拉第，父親是鐵匠，小學畢業後就去書籍裝訂店打雜，卻把這個觀察如獲至寶，悌特爾電學啟蒙法拉第，讓他把電與磁的互動產生馬達的動能。

在地球上，所有的能量大多來自太陽，地球則是一個大磁鐵，地心旋轉流動鐵漿熔岩，形成巨大的磁場，通過南北極圍繞著赤道，這磁場驅動每一個指南針永遠順著南北向，電池的電流產生的磁可以干擾這指南針，使得指南針轉動，法拉第發現，只要反覆移動開關電源的磁場，這能使指南針持續轉動的動能，就成了馬達。

若是把煤燃燒產生熱能，熱能煮水，產生蒸汽的動能，動能推動磁鐵與線圈，轉成電能，其實法拉第發現了天、地、人結合的能量——電。他把太陽的光能轉成的生質能再轉為熱能、動能，結合了地球磁場，和人類的智慧與發明，就產生了電。

當年法拉第在數千次電磁實驗中，那只指南針的微微一動，引起了後來百年人類文明天翻地覆的轉變，包括美國人愛迪生把電用在各種電器發明上，像電燈、留聲機，以至德國人愛因斯坦，進一步發展出質能互變的相對論。

今天我們已經無法想像沒有電的世界。就像公元 2000 年以後出生的小孩，無法相信沒有網路會如何過下去。

如何期待一個電力永續的世界

2009 年去吳哥窟旅行，觀察當地有些農漁民過的日子和千年前差不多，因為他們還沒有電，雖然有汽車經過，但是基本的農耕、漁獵還是以人力與獸力為主；他們可以安然過著沒有電的日子，但是我卻不能，

我有手機、電腦，為了工作、生活需要連絡，不能離開電網和網路太久，就像魚離開了水一樣，會張大嘴巴開闔，一喘一喘的，不久就會因為沒有資源而活不下去。

即使能源匱乏，電在地球上消失，吳哥窟的農漁民還是可以繼續過著他們「永續」的生活，靠著太陽起落過日子，而我的「永續」，則是奠基在能源與電力、電信的網絡上，宛如一隻在蜘蛛網上等死的蒼蠅。

在讀臺大教授張文亮所撰的《法拉第的故事》時，我一直在想，法拉第如果活在今日，他會做什麼？我猜想，他一定會專注於現在位元和電的關係，把電信與電力結合在一起，就像把電和磁結合一起產生動力，電信與電則會產生更無窮盡的可能。

法拉第不認為自己是科學家，只是一個「自然哲學的愛好者」，他一生中的發現、發明無數，都是來自他對自然的觀察，和無數失敗的實驗。若是生在今日，他絕不會變成蘋果電腦的創辦人賈伯斯，可能只是一個沒沒無聞的宅男，在今日階級明確、看重身分的世界，不會讓一個只有小學學歷，不擅交際的人成為一個科學家。

法拉第終身都住在倫敦貧民區的教會中，一位當時就非常顯赫的科學家，受到女王、貴族的尊敬，反而與貧民一起聚會、禱告、證道，這是他和電一樣，非常平等、自由、博愛的一面，他拒絕各種優渥的禮遇與邀請，只待在英國皇家學院快樂的做實驗、授課，安貧樂道，對照於當今浮躁浮誇的世界，更顯難得。

今天網際網路已經證明地球任何一個角落的位元都可以透過有線、無線的方式相互傳遞，只要有導體、設備，就能無遠弗屆，甚至到外太空。同樣的，電也應該如此，地球是一個不停轉動的大磁鐵，只要透過地磁生電，地球既是導體，也是發電機，那時候的世界將會徹底改變。

愛迪生、特斯拉和 J.P. 摩根的恩怨情仇

法拉第的電學，啟蒙了愛迪生。美國發明大王愛迪生的故事大家都知道，小時候就聽過愛迪生是一個非常好奇的小孩，在學校中還被當成資源班學生，還被火車列車長打聾了一隻耳朵，但後來他的發明電燈、留聲機等，改變了人類的生活型態與工作方式。愛迪生也是最早的愛迪生電力公司創辦人。

J.P. 摩根（J.P. Morgan）是金融世家，他在紐約的家中第一個裝了愛迪生的電燈，開風氣之先，他也把資金帶入了電力事業。他投資愛迪生電力公司，後來他掌握愛迪生電力公司後，發現特斯拉的交流電更有發展潛力，便開除了愛迪生，把愛迪生電力公司改名為奇異公司。造成這個改變的，是一個年輕的俄國後裔尼可拉斯·特斯拉（Nicolas Tesla）。

特斯拉原來在愛迪生的公司中只是一個年輕的工程師，他開發交流電，在愛迪生時代，都是用直流電，而愛迪生深信交流電是危險的，禁止特斯拉繼續研發交流電，甚至把特斯拉開除了。特斯拉和愛迪生之間的恩怨情仇，也改變了百年後人類社會生活的樣貌。

愛迪生偏執的反對交流電，他用各種資源打擊特斯拉和他所代表的交流電，甚至在布魯克林大橋上，公開展示用交流電電死一頭大象，恐嚇大眾交流電如何危險。

愛迪生所代表的直流電在當時是主流，當時美國都是用直流電，由小型的水力發電，內燃機來發電，只有少數有錢人才能使用這種高檔的產品，直到今天，即使電力已經非常普及，但人們還是把電當成一種「高貴」的消耗品。

但是直流電有其缺陷，最大的缺陷是電力線路不能太長，直流電是

由正極流往負極的電流產生電能，推動鎢絲產生光，或是電鉻絲產生熱，也可以推動馬達的磁力線圈產生動力，在電線中，無可避免電阻，這使直流電只能在數公里至數十公里的範圍內使用，無法遠及。

特斯拉所主導的交流電，則是把電流透過電圈，轉成磁場，在三相線或兩相線間振盪，每秒 60 次或 50 次，讓電力可以透過變壓器，把電壓增加至數十萬伏特，交流電就可以在三相電網中傳送數千公里之遠，再經過降壓、轉換，讓電壓到一般家戶的 110 伏特或 220 伏特，如此就可以減少電流在電網中傳輸的耗損。

今天我們看到許多聳立的高壓電塔，都是傳輸交流電的，其實是一個巨大高壓交流電的磁場。所以，在高壓電旁，就會有電磁波危害人體健康的問題。

操控科技的，是資本家

特斯拉當年被赫赫有名的愛迪生打得走投無路，投靠威斯汀豪斯（Westinhouse），也就是西屋電力公司，但在愛迪生的趕盡殺絕的戰術下，西屋電力公司也快山窮水盡，眼看著特斯拉、西屋和他們所支持的交流電就要消失在市場上。

改變這一切的，是尼加拉瓜大瀑布的發電計畫，由於尼加拉瓜瀑布是集北美五大湖之水，從天而降，所帶來的電力，相當於當年三分之一個美國所需的電力，這樣空前巨大的電源，必須由更大的電網來支持，並且能夠傳送到數千公里外的地方，這正好給了特斯拉與西屋大好的逆轉勝的機會。

雖然已經功成名就的愛迪生集結了 J.P. 摩根的金援，力抗特斯拉與西屋的交流電電網系統，但是愛迪生仍無法對抗物理事實，交流電在長

途傳輸的能力遠勝於直流電。精明的 J.P. 摩根洞悉了這一點，在緊要關頭也入股西屋公司，使西屋公司免於破產，當他告訴愛迪生這消息時，他也撤除了愛迪生在愛迪生電力公司的負責人位子，並把愛迪生公司改名為 General Electric，也就是奇異公司。

這之後，世界就成了交流電的天下，其實是 J.P. 摩根一統了電力能源的江湖。這段歷史告訴了我許多現實面：

1. 科技就是科技，不應該感情用事，愛迪生當年偏執於直流電，結果竟一敗塗地。

2. 科技會改變世界，但是真正的動力還不是科技本身，而是背後的金融勢力。

3. 不論愛迪生與特斯拉多麼聰明蓋世，恃才傲物，但在都臣服於 J.P. 摩根的金錢力量。

4. 真正操縱這世界，掌控科技，主宰我們生活方式的，是資本家的力量，科技只是資本家。

5 資本帝國的崛起

美國歷史頻道（History Channel）曾經播出過一部非常精彩的紀錄片影集《The Men Who Built America》（建造美國的人），分別介紹了美國近代歷史中重要影響美國的幾個人物，其中包括了鐵路大王范德比爾特、石油大王洛克菲勒、鋼鐵大王卡內基、金融鉅子 J.P. 摩根，和汽車大王福特。

這 5 位百年以來的美國創業先驅，帶動了美國的現代化，也讓美國成為最大的資本市場，從這影集中也可一窺今天我們的生活方式，基本上都是被這 5 個人改變的，他們的興起都是以托拉斯的方式壟斷了整個

市場，控制有限的資源，破壞環境大量生產，剝削勞工，壓榨消費者，巧取豪奪，蠶食鯨吞，一將成名萬骨枯。不過這幾個人的晚年也體現出人之將死其言也善的特質，他們成立的慈善事業，也能延續至今。

在尼加拉瓜發電計畫之後，電業從技術密集產業轉為資本密集產業，資本將技術極大化，也讓利潤極大化，資本的力量完全掌控電力產業，全世界都開始走向大型化的發電廠，後來的胡佛水壩也發出更多的電力，二次世界大戰後，所謂農業的「綠色革命」，廣建水庫、水壩，無非是取得更大的水力發電的機會，埃及的阿斯旺水壩就是一個最壞的示範，雖然巨大的電力與蓄洪能力造福了一部分的人，但是大壩阻攔了洪水帶來的養分，農民大量使用化肥，使農地鹽化、酸化，尼羅河口的海洋生態巨變，原來盛產的沙丁魚絕跡，這些都是永久的傷害。

在《經濟殺手的告白》（Confessions of an Economic Hit Man）一書中，作者約翰·柏金斯（John Perkins）深入剖析了這一連串美國經濟帝國主義的入侵結果。[2]

這影集中漏了一個人，發明電話、電報的貝爾，這個蘇格蘭移民先移到加拿大，後來又移往美國，他成立了貝爾電話公司，後來成為美國電話與電報公司（AT&T），而 AT&T 也是 J.P. 摩根的關係企業。我雖然不清楚當年的歷史事實是什麼，和愛迪生同年（1847 年）的貝爾當年也認識愛迪生，他最初的電話線原本是希望搭在愛迪生的電線上，但未被愛迪生接受。

2　編按：作者柏金斯是美國國家安全局外圍組織的經濟顧問，自敘其工作內容其實堪稱「經濟殺手」。以經濟顧問的名義，向第三世界國家傾銷灌水的經濟發展方案，讓美國的企業能夠大舉進入承包基礎建設工程，並獲取暴利。因工程款過大，以至於貸款國陷入財務黑洞，不得不將天然資源分給美國，甚至主權也遭受美國控制。

電力陽關道和電信獨木橋

事後來看，電力與電信事業堪稱是 21 世紀現代化的兩大龍頭產業。這兩大龍頭都是托拉斯式的經營方式，不是國營的，就是極大的公司所壟斷，各自有非常大的利潤，涇渭分明，但是在物理上，電力與電信本來就是可以兼籌並顧相輔相成的，只是在資本家追求最大利潤的運作下，成為兩套截然不同的系統。就算在一個大樓中，也要把電力放在「強電間」，電信放在「弱電間」，從此「陰陽兩隔」，就像電影 Laydyhawke（《鷹狼傳奇》），在女巫的詛咒下，原本是一對戀人，男的被變成狼，只能在晚上出沒，女的被變成鷹，只有白天可以翱翔天際，戀人只能在日月交會時短暫的見面。

這個「淒美」的詛咒也發生在電力與電信上，從最初電話、電報的類比訊號，到後來脈衝訊號，一直到現在分包壓縮位元，都可以在電線中傳遞，不論是直流電，還是交流電。但是電力只走電力，電信只走電信，更有趣的是，1960 年代發展有線電視時，本來也想走電話線路，但電信業者已經賺飽了，多一事不如少一事，再加上電話線的頻寬不足，不能成為有線電視大量類比影音信號的載具。

如果你知道奇異、西屋，和貝爾電話（後來的 AT&T）的背後，都是 J.P. 摩根，你就會：啊哈！原來如此！

如果電力與電信合併的話，資本家恐怕要少賺很多錢，除了你必須繳兩張帳單外，電力與電信產業後面都是巨大的公共工程，巨大的公共工程後面則是更大的圈地，開發炒作土地的利益。資本家不會放棄任何一個賺錢的環節，他們最擅長的就是圈地、圈錢、圈權，讓所有人不知不覺中成為他們營利的工蟻。

電力與電信這一對血脈相通的孿生兄弟，在資本家幕後的運作，被商品化的結果，成了看起來老死不相往來的兩套系統，再加上政府與政

治的干預，更形成了兩大壟斷集團，相互排斥。

不說別的，你看到挖馬路時，有臺電的、中華電信的、有線電視的，若你問他們為何各走各的路，何不一起挖？肯定會被當成白目。他們分屬不同的利益集團，如果和在一起，還能賺錢嗎？還有自來水的、下水道的、天然氣的……族繁不及備載，他們各自挖自己的「寶藏」，兄弟挖路，各吃各的。無形中，消費者、市民就要承擔這些重複、反覆挖馬路的後果。

就算是電信業者，也是各蓋各的基地臺，因為若以土地面積、用戶密度而言，臺灣的電信資費舉世最貴，消費者買單，資本家還是聯合壟斷。

如果說 2014 年 8 月 1 日凌晨高雄氣爆悲劇，是臺灣從來沒有關注過公共設施的悲劇，可惜還沒有震醒臺灣人，如果沒有做好管線管理，有效的利用資源，那麼是全民受害。氣爆只是一次大家都看到的慘案，而時時刻刻分分秒秒的浪費、低效率、意外事故，正在不斷銷蝕臺灣的力量，也斷送了未來的機會。

Thrive Movement 興盛運動

美國是資本主義的天堂，但是民主的體制，也讓資本主義富有反省的力量，制衡資本家不斷擴張的壟斷事業，讓更多「車庫小子」像蘋果的史帝夫・賈伯斯，微軟的比爾・蓋茲，到臉書的馬克・祖克伯（Mark Zuckerberg），不斷用大衛打敗哥利亞的故事述說「美國夢」，不過這些人的成功，後面還是資本家運作的結果。

比較有趣的是「興盛運動」，從資本家族的後代，揭發美國五大家族的陰謀，控制人類的能源。

　　由弗斯特・甘博（Foster Gamble）發起的「Thrive Movement 興盛運動」，在國際上是一個著名的新時代運動，他是出品幫寶適、海倫仙度絲等家用品的寶僑公司（Proctor & Gamble）創辦人詹姆士・甘博（Jame Gamble）的玄孫，不過現在他與寶僑公司已無關係。他花了上百萬美元製作了紀錄片，說明人類可以有享用不盡的電力，從宇宙的結構，地球的磁場，生命的源起，都來自循環生生不息「興盛」的能源圈。

　　這部紀錄片更指證歷歷各種科學、玄學新世紀運動的現象都與「興盛」有關，2 個多小時的影片的後半段，則直指美國與歐洲的資本家族不惜一切破壞了「永動馬達」的計畫，以防止人類取得了免費的能源，這些家族就無法控制他們長期所宰制的世界，他們數百年建立的秩序將毀於一旦。

　　甘博所提出的「陰謀論」曾引發許多討論與爭議，但至今永動馬達一直是一個謎，有些人認為可能，有些人認為不可能，因為所有的東西都有摩擦力，即使是靠磁浮式轉動，也還是有空氣的阻力產生的摩擦力，使動能消減。

　　我無法證明永動馬達這只「聖杯」是否存在，但我相信，如果世人可以得到一個像聚寶盆一樣產生源源不絕的能源時，這世界的統制階級既得利益者一定非常恐懼，因為他們握有可以宰制世人的「魔戒」的法力就消失了。

　　我相信未來的世界，人類必須追求到自己可以控制的能源與資訊，才能做自己的主人。

8.　電癮者的告白

如果大家都使用 USB 當作充電裝置，牆上的插座直接就是
USB 直流電插座，不是都省事了嗎？

陳謨星說：「我的一生都是電。」
我說：「我的一生都離不開電。」

在自然界中，所有的電都是一樣的，從天上的雷電，到我們身體的神經傳導的電，和腦部活動的電，都是電。

我太喜歡電了，從小就在電話、電視、冰箱、洗衣機…的環境中長大，凡是有插頭能插上電的，都是神奇、新鮮、方便、好玩、省力的代名詞，而我這一生的虛榮，都和電有關。

60 年代，我的童年中，居住在外公家，小舅迷上熱門音樂，心細手巧的小舅自己做了一臺電吉他，組了一個樂團，有大功率的喇叭，在家練習的時候，大白鯊陳今佩，也是我小舅樂團的歌手。

這神奇的箱子，插上插頭，轟然而動，讓我瞠目結舌。我不通音律，又五音不全，即使卯足力連個口琴都學不會，只能敲敲三角鐵。外公家中還有一臺盤式錄音機，可以錄下小舅樂團的演出，當時是非常神奇的事。

60 年代，黑白電視的記憶

1960 年代，臺灣進入電視時代，賴聲川導演的《那一夜，我們說相聲》，和《寶島一村》中，上面擱著大同寶寶的電視，正好像是我童年的寫照。自 1962 年臺視開播後，大概一年不到，外公就有了一臺電視，非常小的一臺，可能只有 9 吋，黑白的，那時候我只有 3 歲，不記得是什麼牌子的，但是有人影，有聲音，非常神奇。夏天真的像相聲一樣，拿到院子裡，讓鄰居一起看，那時候的電視新聞都是現場的，到了中視開播，第一個連續劇「晶晶」，也是現場播出的，不同的是，電視變成了彩色的。

後來電視中的布袋戲讓我聽得懂有限的臺語，紅葉少棒，威廉波特少棒比賽，更讓電視成為全民關注的焦點。電視成為人們生活的重心。電視一定要用電，70 年代兩次能源危機，政府為了讓夏天尖峰用電時間有電用，還規定下午 1 點到 4 點電視停播，以調配電力給工商業使用，這是當年最早的「可停電力方案」。

眷村的童年時代，最令人興奮的是不定期有藝工隊帶著電影設備來放電影，我在下午就蹲在旁邊，看他們架設機器，安裝喇叭，測試機器。天一黑，白床單充當的臨時銀幕前，已經是人山人海，放映師插上電源，一道強光射出，音箱放出嘈雜的聲音，先是國歌，所有人立正站好，國歌完畢，坐回小板凳，欣賞電力帶來的政令宣導、新奇畫面。

70 年代，我有了第一臺新力（索尼／ Sony）收錄音機，這讓我的青少年從黑白變成彩色，可以把余光的熱門音樂時間錄下來，想聽的時候就放出來聽，許多同學都非常羨慕。不過最令我著迷的，是 8 釐米攝影機，把一盤膠捲放進去，攝下來，拍完後，拿去沖洗，一週後，再用放映機放出來，這簡直是魔術！

80 年代的手提錄影機，我從 VHS-C，V8，到 90 年代的 Hi8，以至

現在的硬碟式 HD 錄影機，應有盡有，不論它們怎麼改變，畫質提升多少，音效多麼立體，都離不開充電器。父親出差去日本，帶了一個最新的 Sony Walkman，卡式錄音帶，配上耳機，可以聆聽一般音響無法達到的身歷聲效果，從此我也成為「新力粉絲」，在 80 年代，我堅持使用 Beta 錄影帶，從來不用 VHS 的機器。（直到最近買了一臺 Sony Xperia Z2 手機，家中才兩年的索尼 LED 電視也壞了，徹底對 Sony 失望，決定再也不買 Sony 的產品。）

數位相機更不用提了，從 20 萬畫素到 2 千萬畫素的我都有，打開相機防潮箱，有如回到近 12 年的時光倒流的空間，如果加上照相、錄影功能的手機，更多了，iPhone 從第 2 代到第 4 代一個也不缺。

80 年代末，膝上型電腦問世，好新鮮的我在美國旅行時買了一臺 Toshiba T1000 膝上型電腦，當年可是第一臺有背光 LCD（液體液晶螢幕）單色的手提電腦，基本上和一臺打字機差不多，只是可以用倉頡或注音打出中文。

90 年代更是手機出世的年代，我在 1990 年 3 月學運時，報社給了我一臺攜帶型電話，像是一臺軍用的「拐拐」，巨大的電話，貴得可怕的通訊費率，小得可笑的電池蓄電力，必須帶著一個笨重的充電器，找到機會就去充電；在當時，這可是尖端的行動通訊，現在連摩托羅拉的「大哥大」都是難得一見的古董，那支「拐拐」現在可能只能在博物館裡找到了。

智慧手機經驗

手機則帶我進入另一個充電的時代，一開始時，因為手機的重量輕，體積小，所以電池的用量不長，早期的鎳鎘電池不但鎘是有毒重金

屬，還有「電池記憶效應」，一定要放光電才能再充，否則如果只用一半就充電，下次電量只有一半，所以還得帶一個備用電池，和座充，一個電池用完了，就換一個充飽的電池，把放完電的電池放在座充上充電。直到摩托羅拉的海豚機出現，改用鎳氫電池可以耐久一點，兩三天充一次電。後來又有新的鋰離子電池，電量大，又沒有電池記憶效應，讓一般手機可以用一個星期。

2006 年以前，許多人認為手機已經發展到極致了，原本是一家瑞典的林業公司諾基亞（Nokia）轉型成為手機公司，成為商學院追捧的典範，「科技始終來自於人性」的廣告詞令人琅琅上口。還記得當時把手機當成相機、信用卡、名片夾、電腦的活靈活現的廣告，一下把我帶進了科幻電影的世界。當時諾基亞成為手機的代名詞，總以為諾基亞讓手機止於至善。

在 iPhone 出現前，筆記型電腦、手機、PDA（個人數位助理），還有 iPod，是我不離身的「文房四寶」，手機外還有 3 Com 的 Palm Pilot，可以和電腦同步儲存通訊錄，還可以用觸控筆記錄一些小筆記。現在大概沒有人記得 Palm Pilot，也忘了蘋果最早也推出過「牛頓」這款 PDA。PDA 是過渡產品，注定被智慧型手機取代。

沒想到 2006 年蘋果的 iPhone 出現後，扭轉了世界。最早的 iPhone 2（沒有 iPhone 1，因為 2 是代表 2G，GPRS 的電信網路，當時已有 3G 了，但蘋果只出 GPRS），把手機帶入了與電腦混合的時代，3.5 吋的彩色鮮艷的螢幕，加上 iPod 的音樂效果，以及靈活收發 Email、上網功能，一下子把過去的手機都比下去了，臺灣一直沒賣，我也迫不及待的去香港買了一支回來，因為當時只有在美國和 AT&T 綁約，還得「越獄」（Jail Break），才能使用，即使不便，也到處炫耀，心滿意足。

可是 iPhone 最大的困擾是螢幕太耗電，又不能換電池，有時候用

不到一天就掛了，所以就要帶著充電器和 USB 電源線到處走。7 年後，到了 iPhone4，螢幕也進化到更精密的「視網膜」技術，肉眼已經無法分辨畫素的顆粒，同時耗電量也增加，一部手機用在螢幕上的電力，比任何功能都多；許多朋友還沒有上年紀，但手機都多了個「尿袋」，行動電源得隨時跟著。

這實在很可笑，手機做得小小的，但是得拖著一個笨重的行動電源電池走。也有人開始做大尺寸螢幕，就像 iPad 出現，讓老花眼的朋友們趨之若鶩，10吋的螢幕解放了許多人的老花眼，可惜 iPad 沒有電話功能。但是三星、索尼、華為……等手機競爭對手看準了機會，搶攻大尺寸手機，這也使得手機或平板電腦的電池越來越大。

最近我買了一支索尼 Z2，不到 2 個月，號稱 2 千萬畫素的照相功能失效，無法對焦，2 千萬畫素變成 2 千度近視，讓我對近年索尼的品質不敢恭維。以我的經驗，Z2 一用就變得非常燙手，照相功能拍幾張照片，就顯示「過熱，程式關閉」，根本是一支應該全面召回的產品，是我用過最糟的手機，但是臺灣的消費者保護法好像睡得很熟。我仍在用這支手機，並不是不捨得，而是隨時提醒我再也不要上當了。

每人家中的充電器墳場

在這 40 多年來追逐日新月異電子產品的過程中，我保留了大多數的「戰利品」——這些電器的殘骸。每次看到抽屜裡的充電器，就會很生氣，每買一個電器，就有一個充電器，全世界一天要製造出多少這些原本不需要的電子廢棄物。除了充電器，還有琳琅滿目的電源線、插頭和接頭。有一天，我發了一個狠，全部都送去回收，好像是戒毒的感覺。

如果從產品生命週期來看，我可是罪大惡極了，這些「東西」雖然

用電並不大，但是在生產過程中使用了巨大的能源，也製造出許多有害的廢物。可能在地球的某個角落，因為這些「東西」的原料而必須付出代價，包括開礦的汙染，工廠造成的強迫拆遷，製造的廢水、廢棄、有害毒物的排放，過去電子產品大量使用氟氯碳化物，可能在南極上空臭氧層的破洞有幾平方公尺是我的貢獻。

更可怕的是，可能在某個工廠中製造我的手機的工人是否因無聊單調的工作，而想著要跳樓，或是真的跳了？在零件工廠外的河流，可能流著我的照相機 CCD 製造時排放的毒物，空氣中也是致癌的揮發性毒氣？我的一生，就好像《The Story of Stuff》（東西的故事）動畫中所呈現的世界。

好像從來沒一家廠商想過，製造這些電器的充電器要花多少成本，給消費者帶來多大的不便。電腦、手機、數位相機是最嚴重的，各家廠牌的充電器都不同，連不同型號的也不同，造成消費者許多的困擾。沒有充電器的電腦或是手機，等於是垃圾，而且是巨大而昂貴的垃圾。同時這些昂貴的垃圾，也是巨毒的來源。

我承認我是電子產品的毒癮者，也是這些生產商最資深最忠實的顧客，我這一生中沒有買過房子，只買過車子，但是車子加起來的錢，不會比這些電子產品多。而且我也深信，這毒癮是不可能戒的，在我有生之年可能一直都離不開這些東西，甚至直到我斷氣的那一刻，也是某個電子產品監視著我的呼吸、心跳停止，見證我撒手人寰時，還是擺脫不掉電和電子產品。

身為電子產品「終身忠實顧客」，應該有權利告訴這些電子業的老闆、工程師：「你們應該改一改了！」

我曾經在 1995 年參加在日內瓦舉辦的 R95 國際資源與回收大會，碰到許多電子產品公司的代表，加括飛利浦、索尼、三星、B&O……

等，在討論電子產品的生命週期與成本關係，與會的代表說，如果一臺
32 吋的電視設計使用壽命超過 15 年，它的直接成本大概超過 3 千美元，
至少要賣到 6 千美元，這樣根本賣不出去，只有少數歐洲廠就專生產這
樣的產品，滿足的是富豪級的顧客。因為其他人的電視只賣 1 千元，保
用 3 年，5 年肯定壞了，成本只要 1 百多元。

　　這就是商業模式，世界變得太快，15 年各種消費品的科技已經換
了 15 代，不同制式規格的產品層出不窮，以前的產品現在可能都不能
用了。我更不幸，住在天母，因為陽明山南麓的溫泉硫磺氣，順著磺溪
而下，空氣中瀰漫著硫，所有的電器壽命更短，音響大概撐不過 2 年，
以前電視還能用個 10 年，現在 2 年就壞了，冷氣的壽命大概也只有 5 年，
有些鄰居只有 3 年。想到陽明山北麓，更是溫泉茂盛之地，而核一、二
廠的機組在那裡 40 年，就更加恐懼了。

為何大廠不願統一規格

　　我這輩子沒買過房子，如果把買這些電器、電子產品的錢加起來，
買不到一套應該可以買半套房子，我並不後悔，而且以後還會繼續買電
器、電子設備，因為我從這些用電的「東西」中得到比房子更大的樂趣。

　　我是一個 50 年年資的電子電器資深的擁護者，我應有資格為未來
的電子電器說幾句話，那些國際大廠即使聽到了，因為他們太大，所以
難以改變，而後起之秀，則有機會取而代之。

　　目前的國際大廠各有各的長期累積下來巨大的包袱，沒有人會放棄
包袱，因為這牽涉到極大的既得利益關係，利益的板塊中有很多隙縫，
給新興的企業有機會乘機而起。

　　1980 年代 IBM 帝國統治世界，就像恐龍統治地球一樣，沒有人可

以匹敵，這個藍色的巨人，看不到腳下的機會，在大系統時代，個人電腦 PC 的出現，並未讓 IBM 看到未來，反而不屑的把作業系統 DOS 的開發機會讓給了微軟比爾‧蓋茲，讓比爾‧蓋茲坐大成全球首富和最大的軟體公司，因為 PC 作業系統統一了全世界億萬臺電腦，這些 80 年代才出現的小 PC，相對於 IBM 的「恐龍帝國」，無異於雜草，但是這些雜草成了占領地球電腦市場的主流。

最早發明滑鼠和圖形介面的是全錄（Xerox），全錄也是 80 年代事務機的代名詞，「影印」的英文 Xerox，就是全錄的英文名字。

滑鼠這個當時不起眼的小玩意兒，被蘋果電腦的史蒂芬‧賈伯斯看到後，拿去開發成蘋果電腦的超級殺手鐧，讓全世界對蘋果電腦 PC 刮目相看，創造了 80 年代的「果粉」。當年流傳賈伯斯有一句名言：「當海盜更好玩，何必當海軍（It's more fun to be a pirate than to join the Navy.）。」不過賈伯斯否認說過這句話。

不久後比爾‧蓋茲的微軟作業系統從鍵盤的 DOS，變成視窗 Windows 3.1，引進滑鼠和圖形介面系統，讓蘋果和微軟對簿公堂，全錄也緊咬蘋果，最終美國第九巡迴法庭判定，圖形介面不可作為任何公司的專利，才終止這場個人電腦的世紀訴訟。

由此可見，「使用者」是電腦世界的主人，主人的權力是不可以被奴才擁有的。否則，有一天會有企業家宣稱自己擁有「五隻手指」的專利權。使用者介面才是王道。

滑鼠和圖形介面是個人電腦的很小的技術轉變，但是圖形介面（Graphical User Interface，簡稱 GUI）的重點在於 User——使用者，因為是從使用者的角度出發，一下子讓許多視電腦為畏途的人有機會成為使用者，創造了全球化的個人電腦時代。

使用者介面的概念一直延續至今，iPod、iPhone、iPad 更成功的把

使用者介面的門檻降低，讓原來是「高科技產品」變成民生用品。

　　想一想，從古早時代，收音機、留聲機、照相機到今天的高畫質、高傳真影音在每個人家中，這也走了一百多年，而這一百多年的演化像是幾何級數的突飛猛進。

　　因為我已經熟悉了個人電腦，原本認為 iPad 是一個無聊的產品，2010 年我在上海淮海路的蘋果旗艦店看到一幕難忘的景象，一群銀髮族坐在開放的店面中和年輕的銷售員討論 iPad 的應用程式，如何收發 Email，如何使用 Skype 和遠方的孫子通話，我才驚覺到我對電腦趨勢的遲鈍，我沒有看到原本不會用電腦，老花眼又不能用 iPhone 小螢幕的族群。

　　賈伯斯成功地開發了前所未有的市場，銀髮族比年輕人更具有消費力與時間，創造了更大的市場層面，也讓 60 歲以上，沒有經過 PC 洗禮的銀髮世代有了新的體驗，也可能「順便」帶回一臺相近介面的 MacBook、 iMac 回家，更讓 iTune 增加了一大群口袋很深的消費族群。

誰殺了電動車

　　這也要講到另一個我比較熟悉的汽車領域；在 2000 年初期，美國通用汽車討論到電動車，研究單位提出電動車對消費者最大的障礙是充電的時間太長與不方便，如果能夠讓電池可以用抽換式的，將可以讓消費者有了更新不同的體驗，因為消費者不用花近 10 分鐘來加油、付錢，而是交換電池，大概只要花 3 分鐘就能完成，讓消費者更能接納電動車。

　　另外通用也研究用網絡配合實體電腦的銷售汽車方式，他們實驗消費者可以在家中或經銷商把電腦當成自己設計自己車子的軟體，特別針對女性，因為家中的第二輛車絕大多數是女性做主，這軟體全部用視覺

化處理，可以讓消費者自己選用各種的顏色、配件，成形後只要刷了信用卡，一週後這輛訂製的個人化汽車就可以交車，包括貸款、保險，都在網上解決了。

當時我與通用全球採購部合作，進行 Y2K 的工作，所以聽到這樣的研究計畫，可惜後來因為銷售模式和傳統的經銷商利益可能衝突，而作罷。現在回想起來，如果當時的全球第一大公司通用汽車能夠擺脫過去的包袱，或許會是改變的契機，以通用的物力、人才，應該早就可以進入電子商務領域，或是早特斯拉好幾年就發展電動車，而不是在 2008 年破產的通用了。

幾乎所有的大公司都是在「年輕的時候」，發展出一種可以滿足當時消費者的產品，變大以後，組織臃腫，末梢神經麻木，中樞神經失調，最後失去了市場，走向毀滅。

像諾基亞手機的崛起到被微軟併購的過程，有如彗星，「科技始終來自於人性」的口號確實感動了我，我近十年曾是諾基亞的忠實顧客，但在 iPhone 出現後，諾基亞的使用介面一夕之間變得非常難以上手，因為它的使用介面遠不如 iPhone 的人性、流暢、易於理解。

我放棄了諾基亞，因為它已經不再以使用者為本，只著重工程師的想法，要使用者配合工程師的邏輯，Symbian 系統根本不是 iOS 的對手，一旦用了 iPhone，根本就無法再用 Symbian，就像用了柔軟乾淨的衛生紙，還要用草紙嗎？當然草紙也堪用，但是已經不夠好了。

ISO 9000：不斷改進的力量與樂趣

我在 1994 年開始接觸到品質管理體系標準 ISO 9000，有幸認識當時 ISO/TC 176（國際標準化組織 176 技術委員會）的主席尚睿吉（Reg

Shaughnessy），在他的指導下，我才了解：品質是滿足顧客的要求，持續改進是不斷滿足顧客的要求。這位從 1984 年到 1997 年擔任 ISO/TC 176 主席的加拿大籍威爾斯人，並沒有顯赫的名聲，但是他建立了 ISO 9000 的平臺，後來的 ISO 14000 環境管理體系標準，影響了數百萬個組織，也影響了我，他讓我看到不斷學習改進的力量與樂趣。

今天沒有哪家大公司沒有 ISO 9000 認證的，但是有誰真正珍重消費者對他們的期許？我曾問過一位 ISO 9000 認證機構的負責人，他的公司每年會流失多少張證書，流失的原因是什麼？他回答一年大概有 20% 的證書會流失，但是會有更多的證書發出，所以證書總數是不斷增加；而不再認證的原因，主要是公司關門了。

如果公司能夠持續滿足顧客的要求，才能通過 ISO 9000 的認證，那怎麼會關門呢？後來我再見到 Reg，我再也不談 ISO 9000 的事，因

表 1. USB 發展與規格

規格	傳輸速度（百萬位元／秒）	電流（毫安培）	電壓（伏特）	電力（瓦）
USB 1.0	1.5-12	150	5	0.75
USB 2.0	480	500	5	2.5
USB 3.0	500	900-2,000	5	4.5-10
USB 3.1	5000-10000	5,000	5-20	10-100
電池充電 USB		500-1,500	5	2.5-7.5
電源 USB		2,000-5,000	12-20	10-100

為我不想再讓這位引導我成長的老人傷心。同樣的，每次有人說我是教 ISO 9000 的，我就會更正，因為我已經不認識現在弄虛作假的「礙手 9000」。

我仍然堅信，持續滿足顧客需要是組織生存的硬道理，不論是私人企業、公營企業、政府都要滿足「顧客」的需要，只是許多人背離了顧客需要，只有面臨終結的命運。對於我這一生中所鍾愛的電子電器，我期望一直有讓我產生興奮與罪惡感的新產品出現。但為了減少我的罪惡感，我有幾個小小的要求如下。

第一個最卑微的請求：統一充電器吧！

充電器是可以改的，就像現在的手機、數位相機、音響、穿戴裝置，都是用 USB 充電的，雖然 USB 也有許多不同的接頭，連電源的都是一樣的，但連設備的，就有五角形的，Mini USB，Micro USB，目前越來越多都是 Micro USB，其實所有的電子設備都可以用 USB 來取代既有的充電器。這一點我對蘋果電腦很不諒解，我可以理解、接受賈伯斯特立獨行的創意領導一切，但是在充電器方面，應該是一致的。歐盟決定在 2014 年所有的手機都要用相同的充電電源，估計每年可以減少上千噸的手機充電器。

規格相同的手機充電器固然可以讓我們更方便使用別人的充電器，不再為各個不同廠家的充電器而煩惱，但是其他的行動電子產品呢？筆電各有各的充電接頭，各國的插座也不一樣，在旅行的時候還得帶一個轉換器，廠家在製造不同國家銷售的產品時，也要生產不同的接頭；和這些所造成的重複浪費比起來，手機的充電器只是小巫見大巫。

如果大家都使用 USB 當作充電裝置，牆上的插座直接就是 USB 直

流電插座，不就都省事了嗎？

的確，如果這樣發想，所有的電器都應該改成 USB 直流電作為電源，這將會是一個另一個時代的開始。

USB 萬用

USB 有一個非常拗口的中文名字「通用序列匯流排」，中國簡體字的名字是「通用串行總線」，我要寫好幾次才能記得，USB 的英文名字是「Universal Serial Bus」的縮寫，在我看來，USB 可能是一輛「宇宙串連公共汽車」。

從 1996 年第 1 代 USB 1.0 問世至今，USB 的演化非常快，它取代了 PCMCIA, PS2, Firewire 這些連接介面，還記得以前電腦的周邊設備各有各的接頭，印表機、掃描機是一個大大扁扁的排插，滑鼠、鍵盤是圓形的接頭，電腦接上不同的插頭，才有功能，而每次在接上新的設備時，電腦都要重新開機（reboot），而且要拔掉這些周邊時，還要關掉電腦，很麻煩。

我在 1999 年第一次看到 USB 的電腦，可以把外接的設備「熱插拔」——不用開機、關機，非常方便，而且 USB 可以供電給一般用電小的週設備，像隨身碟或外接行動硬碟，這些周邊設備就不用再帶一根電源線和笨重的交直流電源轉換器，這實在太棒了。

我經常因為找不到連接線，或拿錯連接線而苦惱，每個電源、每根連接線都是黑黑的，長得很像，但是公母之間差別非常大，有了 USB 之後，這些問題就減少了些，雖然電腦端的 USB 出入口都是長方形的，但是接到各裝置上的又不一樣，也是美中不足的地方。

像 USB 這樣同時是位元與電力通路的設計，一定會成為未來電器

的主流，除了手機外，我相信桌上型電腦用 USB 充電是下一步，因為國際 USB 論壇已經宣布，未來筆記型電腦都可以用 USB 充電，既然筆記型的可以，為什麼桌上型不行？電腦行，電視、音響也行啊。再接下來，洗衣機、冰箱、吹風機、冷氣、電熨斗、馬桶都可以用 USB 當電源，同時充電，也可傳輸信號。

這會是一個全新的世界，就在不遠處等著我們。

我們現在還在 100 年前「隨手關燈」、「把冷氣溫度調高」的節能省電的石器時代，這是我最厭惡而反對的愚蠢而耗能的節電方式，好像要環保就要很不舒服、很不方便，這只有那些蠢得會相信核電便宜的人才會這麼做。未來如果所有的電氣透過電力數據線，那麼我們可以用更聰明省事、節能的方法來管理我們的能源，而不是教條式的宣教，也不必像發乖寶寶獎牌一樣獎勵省電的人，因為電線本身就是最好的數據載體。這些數據載體，加上適合的軟體，可以輕易的幫我們做好電力管理，預設、遙控、偵測規劃每個電器的用電。

第二個卑微的請求：統一電池規格吧！

電池的最終問題，還是它在製造與用後廢棄所造成的汙染，標準化還有一個好處，就是讓電池容易回收，即使有汙染，也可以收集、控制、貯存，而不致汙染環境。

我們的生活似乎越來越離不開電池，即使是一些插電的電器，裡面有時鐘、關機或停電後應用程式仍在運作，這些電器裡面還是有電池，更有許多電器為了保持即時啟動，或關機後的程式運算，也要電池供應電源。

　　拔了插頭，不能斷電，使電池的應用越來越多，我看一看四週，筆記型電腦有電池，不只一個主電力電池，還有許多個小型水銀電池在電腦的組件內，像電腦核心的計時器，就配了一顆可充電的小電池，無線滑鼠、手機、手表、隨身裝置、藍芽耳機，就算我運動健身的腳踏車，也有電池的燈光、碼表。

　　乾電池有百年以上的歷史，有了比較規範的標準，常用的 3 號、5 號，到 9V 方形的電池，還有大大小小的鈕扣電池。即使車用的鉛酸電池，也有一致的規格。有人說手機電池的規格統一了，會扼殺手機設計的創造力。但是我認為剛好相反，現代的充電電池，已經從鉛酸、到鎳鎘、鎳氫電池，以至鋰電池，未來可能還有更多材料，基本上可以設計成大、中、小的規格，讓直流電的電池能夠順利串聯、並聯，像是一顆顆小樂高積木一樣，不論形狀、性能、功能，還是可以創造出千變萬化的產品。

　　相反的，許多手機的設計師並不懂電池，設計完後，再去找電池供應商來開發新規格的電池，結果可能因為造形或其他設計而使電池功能不佳。就像我的 Sony Z2，雖然號稱 3000 毫安培的大電池，理論上可以用得較久，但是很容易過熱，一旦拍攝 4K 高畫質影片，一、兩分鐘就過熱，程式就自我了斷，再好的設計，如果供電不穩定，或是電力系統不能正常運作，一切都是枉然。

　　但是我們看看手機、電腦，不只不同品牌的電池不同，同一品牌不同型號也不同，造成許多重複的浪費。

　　電都是一樣的電，只有蓄電量、電流、電壓、性能、壽命的差異，但是各家廠牌的手機、電腦、行動裝置的電池都沒有一致的規格，所以各行其是，在開發產品上，看起來百花齊放，但其中耗費的成本與資源不知有多少。歐盟近年已經統一了手機的充電線接頭的規格，而環境與

資源衝擊更大的電池問題，還有待解決。

　　的確，現在要統一電池，可能比秦始皇統一六國還難，但是基於未來世界的進步，我相信電池規格的一致，是遲早的事，希望不要像傳統電池一樣，走了近百年才開始有一致的規格標準。

第三個卑微的要求：整合網路連線吧！

　　這是一個更難的課題，我們看到許多制式的網路，有線的網路從電話線，到常見的藍色（也有黃色、灰色）的 RJ45，到有線電視的同軸纜線，光纖，就已經眼花撩亂了；無線的紅外線，Wifi 就有好幾代，藍芽也有 4 代，這些無線的網路，更是讓人不知所措，一大堆的設定、密碼，只有專業工程師、技師才能搞定，一般人只能望網興歎，每次一斷線、換電腦，就不知道如何是好，不是找不到密碼，就是不知如何設定。

　　中國有三家無線通信業者：中國電信，中國移動，和中國聯通，現在他們發展出不同制式的 4G 電信制式，結果造成原本大家可以通用的手機，現在配合不同的手機門號，就有不同的規格。像市占率最高的中國移動，有很長一陣子 iPhone 不能使用 3G，只能用較慢速度的 GPRS 信號，但是 iPhone 的吸引力太強了，許多原來中國移動的用戶轉向國際系統的中國聯通，中國聯通也藉著 iPhone 的浪潮，乘勢而起。

　　網際網路是全球化的產品，而且走向無線化是越來越明顯的趨勢，就連充電也可以無線化，未來的世界可能走到哪裡，哪裡都可以無線上網、充電，最大的威脅是，我們的行蹤完全被監視，當然也可能被控制，失去了隱私權。有人以為網路上是匿名的，其實只要上網，就不可能匿名，無論你的 IP 位置、手機、電網，各種上網的設備都有唯一的識別碼，在網上凡走過必留下痕跡，以前有句「天知、地知、你知、我知」，網

路的世界中就會有第五知：「網知」。

凡事都有利弊，任何帶來方便的事，必有麻煩，這是我們的選擇，今天我的工作幾乎離不開網路，我和很多人一樣，一旦掛網，就會有莫名的恐懼感。有些公司已經規定，下班後、假日就不要用電子郵件或各種社群網路工具和同事連絡，讓人完全得到休息，這是一個正確的決定，1 週 7 天，24 小時的網路生活，是非常緊張而不健康的。

國際有「無車日」，有一天也會有「無網路日」，我個人一個月裡面也會有兩、三天完全脫離網路，讓自己真正 off。

我在過去為通用汽車工作時，曾有人測量過網路是否提高了大家的工作效率，其實沒有；因為在網路上，有太多令人分心的事。像 911 發生時，許多人第一時間知道這訊息，是來自網路，到現在各種社群網站比比皆是，大家在工作時更會被外來事務干擾，電話干擾還是可以看到的，而每個人面對自己的個人電腦、手機、平板，無時無刻不傳來叮叮咚咚的訊息，長期下來，工作的人對工作內的訊息反而麻木了。

中國網路的怪象

我在中國工作的時期，許多網路都被封鎖，Google 家族幾乎完全不能使用，連地圖、Hangouts、YouTube、Picasa……都不能使用，而其他的搜尋引擎都被中國的百度所攻占，而百度關鍵字搜索出來的，幾乎全是廣告，真正有用的資訊還是從維基百科取得（感謝綠壩，沒封了維基）。但是維基只有常識性的資料，沒有深度的資訊，目前看來還是 Google 最厲害，為了工作，我不得不花了 3 千多元，購買一年的 VPN（虛擬私人網路，Virture Private Network）服務（也是俗稱「翻牆」的一種方法），才能夠不受到這些網路廣告蟑螂的阻攔。

　　我相信，如果中國的網管長期這樣下去，而中國的搜尋網站繼續唯利是圖，只登廣告，不搜尋資料，中國的國力會逐漸衰退，因為中國人從網路搜索跳出來的多是垃圾廣告，想辦點正事都很困難。而且這些網上的垃圾廣告是非常「侵門踏戶」的，不斷蹦出來各種小廣告，即使你把瀏覽器關掉重開，還會陰魂不散的在桌面出現，問你要不要買這買那，要不要開別一個視窗，就連按了「關閉」或「X」，還是會跳接到他要你去的網頁，把網頁關了，又會出現新的網頁，就像希臘神話中砍不完頭的蛇髮女妖一樣。

　　這些中國垃圾網站還會散布很多的木馬、病毒程式，我的電腦幾乎從未中毒，但在中國工作用的電腦，不到 3 個月就中毒，不得不安裝同事推薦的中國製造防毒軟體「金山毒霸」。中國製造的軟體有一樣共同的特色，你以為安裝的是一個軟體，其實你被植入了許多個奇怪的軟體，像 hao123，就會改變你的首頁，還有很多你連想都沒想到的「工具軟件」，一旦裝上，你的電腦就會變得非常慢，於是又會跳出來一個或數個提高電腦速度的工具軟體出來，所謂「一鍵清理」，一安裝，又進入更深的惡性循環。

　　中國自己形成了一個封閉而詭異的網路世界，讓我更驚覺到未來如果電力與電信合併，如果是由一個控制狂的政府或企業組織所掌控，那麼喬治‧歐威爾的《1984》所描述的「老大哥」（Big Brother）世界都還不夠看。能源與資訊都是力量，加乘起來，就形成無法想像的力量。

　　這個力量必須由人民自覺與自決的掌控，而不是被某些人、某些政黨、財團所掌控，我們必須要擬定出一個可以立即有效監督政府、官員、財團、政黨的系統化方法，也是利用能源與網路合成的力量監控他們，我主張凡是這些握有權力、勢力的個人、團體，他們的一舉一動必須在網路上透明公開，就像服務皇帝的太監，必須在其功能與作業上進行「去

勢」的手術，才能接受人民的託付。

巴別塔預言

從小我就常聽到聖經「巴別塔」的故事，為什麼上帝害怕人建造了這座通天塔挑戰祂的權威？上帝讓人類不再說相同的語言，讓人類世世代代都在自己的語言矛盾中相互抵消合作的力量，這是上帝給人類最大的懲罰嗎？

不過我現在的思考方向轉變了，如果人類早就突破了語言的隔閡，今天世界上的電器、電訊、電力都是統一而有效率的，可能會出現今天的秦始皇，一統天下至今，唯有暴君可以統一，與上帝抗衡。

我這三個「卑微」的請求，若是由暴君來實現，就是人類共同的悲劇，如果是由人民共同來實現，即是人類文明的另一個階段了。

這三個卑微的請求，都是和「統一」有關，但這統一不是用商業的勢力、廣告宣傳，而是針對民之所欲，如何讓大家使用更方便，降低總成本，減少障礙，更透明公開，更開放，讓電、電腦與電信都成為人人可以上手使用、參與、貢獻、分享的世界，降低技術的壁壘與階級。

當然，教育制度也是非常重要的，如果從小學到大學，電力、電腦、電信是基本知識，就像「母語」一樣，大家才能在未來的世界中溝通無礙，那時候再回顧現在的「擁核／反核」論戰，會發現我們這代人有多麼的愚蠢、無知。

9. 一座城市的程式

我們可以成立一家公司，一家可以全民入股的公司，來推動這樣的制度，大家的網路和電連在一起，整個社區就像一個巨大的電池，也是由一個個小小雲朵構成的巨大資訊雲，由電腦和屋頂的再生能源結合成的公司。

現在臺灣充斥著奇怪的省電宣傳，像馬英九說：「我的辦公室都不開冷氣。」這簡直是大言不慚，無知到了極點。馬英九的辦公室是總統府，為了國家安全，怕他被人「斬首」，總統府的窗戶一定是防彈玻璃密閉的，如果不開空調，夏天待在裡面的人一定受不了；如果馬英九是誠實的說了這句話，我想他和他的臣子的昏庸無能不是天生的，是因為被沒有空調的辦公室悶壞了，在他們的領導下，臺灣當然會成為超級大悶鍋。

我想送馬英九一句更能代表他的冷笑話，以後馬英九還會說：「我們現在要發展核能，不能發展再生能源，因為我們要把這些寶貴的再生能源保存下來，留給未來子孫寶用！」

是的，我們真的要好好把風力、太陽能留給子孫，他們要世世代代照顧我們留下百萬年的核電毒垃圾。

能源問題的無腦化

臺灣總統的無能無知中外聞名，究竟如何發生的，我想是什麼樣的人民選出什麼樣的總統，因為對於能源問題，臺灣人的表現真像極了「馬英九」。臺灣人以為任何讓人不舒服的規定，就是「節能減碳」，所以仿照「先進國家」訂出了車輛怠速 3 分鐘要罰款，公共場所夏天空調溫度高過 26 度就要罰；在公共場所為手機充電算是竊盜；在用電離峰時刻，叫大家關燈、關冷氣；沿路都是 24 小時便利店，但是沒有垃圾桶，環保署準備立法規定男生也要蹲著尿尿……。

就連有些反核團體也不能免俗的被洗腦，也成為洗腦共犯，讓大家以為「節電就可以反核」，可以不蓋核四……。我必須呼籲，臺電聲稱破產，其原因是電廠太多、冗員太多、採購浮濫、立法院長期怠於監督，只有電力長期滯銷才會破產，供不應求怎會破產？

現在臺灣的問題根本是電太多，而不是缺電，只要換掉現在的經濟部長、臺電董事長，換陳謨星來當，做好負載管理，停止各種無效能的電力黑洞（如三相不平衡），馬上好！

今天即使關掉所有的核電廠，臺灣也不缺電，宣傳節電，反而助紂為虐，只是加強、加深政府與臺電缺電、限電恐嚇人民的步數，真是幫了倒忙。

我們把政府任意修法處罰人民當成「美德」，還認為是「臺灣人的驕傲」，我真的沒得說的，臺灣人拒絕用合理、聰明的方法來節約能源，有效使用能源，而非常有效率的證明自己的無知與不在乎自己的權利。

今天國家有權力的人，可以任意浪費公帑，興建一堆沒有用的公共工程，人民所託非人，錯誤決策，是真正的浪費的根源，我們沒有智慧用理性的方式思考，發展系統性、制度性的合理有效節約方式，愚笨的

公民環保教育，只會訓練出貪圖小利呆頭呆腦的人民，養出胡作非為的政客與財閥。

我們能不能想一些有用的方法，來管理我們的資源？不要成天想出一些不入流，沒格調的處罰法令，開人民的玩笑。

乾燥地帶的以色列，如何運用水電

看看以色列吧！1994 年我去以色列參加聯合國華盛頓公約動物委員會會議，大家都知道以色列的國土很小，又被困在阿拉伯世界中，真是四面「回」歌，他們沒有核電，也沒有水壩，因為這些都會成為敵人攻擊的目標，以色列人缺水、缺電，舉世皆知。他們是怎麼活下來的？

在去以色列前，我以為到處會看到節水節電的標語、口號。結果錯了，我在以色列一個星期，跑了許多地方，一張節電節水的宣傳都沒有。反而我在沙漠中看到飲水臺的水是一直流的，沒有人把它關起來。以色列人認為流動的活水才是好的水，他們不喜歡定滯的水。

我問以色列朋友 William Clark，他們是如何控制的。這朋友來過臺灣，也知道臺灣的地理型態與兩岸的緊張關係。他說，首先，以色列的水費、電費都非常高，大家都要為能源、水源支付很高的費用，這是節制大家用水，費用遠高過成本，多出來的錢，就是國家的稅收，用來進行各種開源節流的公共建設。

以水為例，他拿起桌上的一杯水，「這杯水要在我們身上循環 7 次，才會排到海中。」他把水喝下去。以色列從戈蘭高地引水，透過地下管道一直到平原、沙漠，可以供人飲用，灌溉農田。

「你知道我們最大的出口是什麼？蔬菜、水果、鮮花。」（最近難怪歐洲人為了制裁以色列轟炸加薩，揚言要禁運以色列的農產品。）

「我們用點滴灌溉法，所有的水不會直接被太陽蒸發，而是透過植物的毛細作用，才會蒸散到空氣中，但是我們利用溫室塑膠棚布再回收水蒸氣，讓水分子在溫室中反覆循環。」因為以色列的農業用水是在封閉系統中的，加上當地地中海型乾燥氣候，昆蟲不易繁殖，所以農產品幾乎都不用農藥，都是有機耕作，無怪乎歐洲超市中的以色列農產品始終是價格保證。

至於電，我在以色列一星期，看不到一盞白熾燈泡，也沒有人鼓吹，全部都是日光燈（或臺灣所稱的節能燈），但是大多是黃光的，像白熾燈泡的光。

「反正我們的電器都是最節能的，不節能的幾乎沒有人買，」朋友說。當年臺灣的電費 1 度才 2 元，以色列的電費 1 度將近 15 元，「反正你有錢就用吧，電力公司、政府也不反對，他們會多賺錢、多收稅。企業也想盡辦法節能，否則沒有競爭力。」

水塔既不衛生又不省電

William Clark 到臺灣時，我開車載他南下，他看到臺灣屋頂上的水塔，非常不解，「這不是很不衛生，也很耗能源？」我解釋，由於臺灣的自來水管線施工品質太差，再加上地震、地質鬆軟，管線會斷，水壓不足，所以家家戶戶都要用馬達把水打進屋頂上的水塔來用。

的確，自來水管線破損，很容易受汙染，特別是化糞池的污水，水壓不足，更容易滲進自來水管線，或是被虹吸原理吸進水塔中，水塔就成了很大的一個細菌培養皿，所以不時有新聞報導說工人在清水塔時昏倒。水塔也常上社會新聞，三不五時就有人死在水塔中，居民發現水有異味，才發現屍體……用屍水洗澡、煮飯？想到就很噁心。

水塔也很耗電，特別是臺灣的抽水馬達，很多是地下工廠的傑作，反正便宜，沒人在乎。這些低效率的馬達，打 1 噸水（1 度）上一層樓要花 1 度電，很多人根本沒想過，像住在 10 樓大樓的人，1 度水大約 10 元，而打水的電，每度約 3 元，就要花 30 元，而這「打水費」並沒有體現在水費中──其實用一度水是 40 元。

反核團體應該主張改變臺灣的供水系統，像以色列一樣，讓山上水庫的水利用地心引力與虹吸原理，把水壓保存好，直接進入每戶人家，不得已時，才建立社區的公共水塔，這樣，可以省下幾座核電廠的電！

問題是，臺灣如果要這樣做，恐怕很多貪官污吏和賄賂包商會大反彈。因為這需要改變臺灣的整個公共工程的概念與結構。

高雄氣爆的原罪

2014 年 8 月 1 日凌晨高雄前鎮、苓雅區的氣爆事件後，大家反而怪起了共同管線。其實共同管線是必要的，法國巴黎在大革命時期就已經建立了地下水道系統，才有許多法國名著（最著名的是雨果的《悲慘世界》），以下水道為故事的背景，這已經有 200 多年的歷史，而臺灣到今天還是各行其是的「悲慘世界」。

高雄市氣爆悲劇展現出臺灣長期以來對於共同管線的無知，事先沒有明確的規畫，更沒有市民的參與，冷漠的市民無知的在政府、財團安置的不定時炸彈上「安居樂業」，青暝嘸驚虎，展現無知的勇氣。漏氣後，竟然沒有圖可比對，找出源頭，只要關掉閥門，就可以免於悲劇，但是連消防隊都不知道，害得打火兄弟死傷最慘重。

死亡的 30 人和受傷的 3 百多人，都是被官僚系統所謀殺的，如果這些官僚按照規矩來規畫、設計、監造、驗收這些共同管線工程，今天

就不會發生這場悲劇。

有人會說：「叫政府把它做好！」

錯了！就像品質先輩戴明說的，「你不能叫把產品做壞的工人再繼續做下去。」如果我們人民不能覺醒，想出明確的方法，透過議會監督，與在地居民直接監督，就不可能把事做好。

「叫政府把它做好」，等於是再給犯錯的政府更多權力、更多預算，做更大的錯事。我們不應該再叫「正在腐爛」的政府繼續管理，而應該效法加州人建立公共設施委員會，管理所有的公共管道、公用事業費率，而不是假手政府來幫我們管理、決定。難道我們還看不出來，每天只想連任的政客，加上只想著退休金的官僚，會把我們的身家性命財產放在心上嗎？就以修房子為例，你自己一定會去監工的，不可能凡事都交給包商、包工去做，你會被吃、被坑，活該！公共工程更是如此，你不參與，政客、官僚和包商就會用你的錢，在你家地下埋炸彈，或是在核電廠最重要的圍阻體內埋進寶特瓶，因為你從來就沒有關心、參與過。

我的未來電力與電信合併構想，必須有好的共同管線為基礎，重新來建構臺灣的共同管線。這是一個臺灣人所不熟悉的系統思考題目，如果我們不思考，不去做，就只能每天看到電視上一再重播悲慘畫面，一方面傷心，一方面幹譙，只是增加臺灣人集體焦慮症，和其他你想到和想不到的併發症。

屋頂即電廠

我們不能單獨從某一項公共事業，或是某一方面思考，而是全面的思考這究竟該如何解決。如果我們都能夠發電，這是一個起點，因為能夠發電就是一種權力，既然用電是天賦的權利，發電當然也是天賦的權

利，就像吃糧食，也可以生產糧食，有電就有水，自備水電，何需政府？

電就要有電路，把電路和網路結合，就有資訊與能源的力量，只要大家利用電路與網路串聯起來，就可以形成一個公民電網、資訊網，共同管線就是彼此串聯的路徑。

以前謝東閔擔任臺灣省主席時提出「客廳就是工廠」，帶動了 1960 年代的家庭手工業，後來沒想到氾濫成農田裡蓋工廠，處處汙染，毀田換錢。

現在我想提出來的是「屋頂就是電廠」，這可能是一波臺灣本土的能源與資訊革命。

未來的世界應該是這樣的，家中、辦公室、或工廠的屋頂有著太陽能發電，空曠的地方有風車，由再生能源形成一個個分散的小電網，裡面流動的是直流電，即發即用。多了集中起來，再轉成交流電，送進電網，供需要電的用戶使用，不夠，則可從別的地方調過來，如果網路可以在幾微秒就搜尋到關鍵字幾百萬個訊息，把 10 公里的電調度過來，又有何難？

在過去，這樣的「資訊電力烏托邦」是不可能的，現在你手上的智慧型手機，就有能力調度你家和社區的電力，把開你的「APP 耗電資訊」就可以看到各個程式用電的情況，同樣的，這可以監控家中每個電器，每戶人家用電、發電的情況。

這是一個小而美、小而省的電網，人人都可以即時調度家中、辦公室、工廠中的電力，可以量出為入，有多少電，用多少電。我們可以成立一家公司，一家可以全民入股的公司，來推動這樣的制度，大家的網路和電連在一起，整個社區就像一個巨大的電池，也是由一個個小小雲朵構成的巨大資訊雲，由電腦和屋頂的再生能源結合成的公司。

成立人民電力電信公司

為什麼是「公司」？在民主國家，沒有「人民團體組織法」，美國政黨，民主黨、共和黨都是 Inc.（Incorporate 的縮寫），都是公司，綠色和平也是公司，各種基金會、協會、工會也是公司，只是組織行為不同，如果是為了公共事務，利益不歸股東個人分紅，就可以成為免稅的「公司」，這是由國稅局依「公司」業務與利潤分配而決定的，不是內政部來審核批准成立的。

只要這公司的章程比照憲法規格，民有、民治、民享，由這公司 OT（operate transfer）電力、資訊，又有何不可？美國共和黨或民主黨這兩家「公司」，不是輪流 OT 政府？每 4 年選一次 OT 的包商。

這「公司」的業務可以從電力、通訊的網路擴張到自來水、瓦斯、下水道，甚至地鐵等公共設施，再未來，也可以經營馬路、高速公路、機場。連日系酒廊門口都貼著「明朗會計」，如果徐旭東的遠通可以收國道的過路費，連張像樣的有明細的賬單都不給，為什麼由人民組成的「公司」不能幫國家收稅？或是幫國家管理軍隊？

民主國家，就是國家民營化，由人民來管理國家，不是財團，也不是官僚，人民要回自己的權力，就從自家的電力、電信做起。

以現在的技術，這是可以實現的，問題是缺乏理想與制度，因為在這「公司」中，人人都是股東，都有電力與資訊的投入與分享，可以在電力與電訊的協定中，平等的表達意見與力量，這是每一個政客不敢不服從的。唯有人民自己掌握自己的權力，才不會每 4 年上一次當，然後後悔 4 年，甚至 8 年。這個系統隨時檢測公僕的一舉一動，上至總統，下到事務員，這才是「人民的眼睛是雪亮的」，或是「人民正在看著你」，「人民不應該害怕政府，政府應該恐懼人民」。

第三篇　臺電官點

臺灣是最可能成為地球上第一個電力電信整合的「模範省」。
這裡的「省」不是行政區的省，而是節省的「省」，因為如
果把電力與電信整合，臺灣會成為全世界能源最省的國家，
因為目前看起來，全世界只有臺灣電力公司可以真正成為臺
灣電力電信公司。

10.　成立新臺電！

「臺灣電力公司」，和未來的「臺灣電力與電信公司」，簡
稱都是「臺電」，為了區隔現在的未來的「臺灣電力與電信
公司」，加上驚嘆號「臺電！」，就像楊致遠創辦的雅虎，
是「Yahoo!」，驚嘆號代表另一個時代的開始。

在網路時代，誰掌握網路到戶的「最後一哩」，誰就是最後的贏家，
自 1979 年新竹尖石鄉「黑色部落」司馬庫斯接上電線後，全島電
網完成，臺電早就掌握了贏家的資格，但是卻一天到晚抱著核電的破碗
討飯，不時還哭著鬧破產。

　　我在二十多年前移民加拿大蒙特婁的親戚，過年期間回臺灣時問我
關於我對核電廠的態度，我簡單告訴他，臺灣的核電廠根本沒有必要，
因為全臺灣的電廠全年的發電容量高達 4200 億度，而用電量只有 2100-
2400 億度，根本沒有必要再建新的電廠，相反的，應該淘汰掉老舊的核
電廠，電力系統會更穩定。

　　小舅舅大吃一驚，他說：如果我的工廠開工率只有 50%，早就倒閉
了，那麼臺電吵著說不蓋核四就要破產，根本是胡說八道。

　　親戚說了他自己的經驗，最近他家的電話費都交給魁北克電力公司
（Hydro Quebec）了，因為魁北克電力公司的電網已經取代了原來的電

話線，有線電視也是，網路當然也是。

魁北克電力公司案例

我上網查了一下魁電的情況，發現魁電正在整合電力與電信網，魁電稱之為下一代電表、可進化的網絡，結合了網路與電路，形成雙電（電力、電信）共構的系統。

魁北克人在北美仍保持老式法語，非常有「獨立精神」，發明電話的貝爾曾住在魁北克，魁北克人也發明了許多東西，像坦克車、地雷這些不好的殺人武器據說也是魁北克人發明的，過去影響力很大的電信公司北方電信，也是魁北克的公司，魁北克人的開拓與創新精神，在北美是非常特異的。

因為魁電擁有尼加拉瓜大瀑布的發電廠，每年發出大量的電力，早期魁電也有核電廠，但在數年前也廢核了。魁電把電力賣給美國很便宜，而賣給魁北克人則很貴，因為電力附加了許多的稅費所以貴，全世界文明國家，除了臺灣人搞不清楚能源稅的概念，大家都把能源當成抽稅的工具，所以電費、油價都比「成本」貴得多，一方面是寓禁於徵，一方面則是實現社會正義。

魁北克實施再生能源法，消費者可以發展再生能源，把電高價賣回給電力公司，這樣就可以賺電力公司的錢，因為加拿大地廣人稀，有足夠的空間可以發展太陽能與風力，結果魁電貴的電魁北克人不買，反而賣更貴的電給魁電，這使得魁電面臨極大的財務壓力。

窮則變，變則通，魁電就開始打起電力通訊的主意。我們看到的電塔、電線桿上的電線，其實走的是交流電構成的「磁場」，銅線也是電信的脈衝或是位元的導體，位元同樣是以光速在導線中運動，當然也會

遇到電阻的問題，需要靠不斷的強波器，才能確保位元訊號不流失。這也是為什麼谷歌要發展發電廠，來供應大量的雲端儲存、運算所需要的能源。我們也可以在家附近的有線電視或電話線的機房與交換連接設備看到電力的供應，電信是無法離開電，而電卻可以不用電信，除非是要成為調度用的電網，電線又擔起傳送信號的任務。

隨著電腦數據壓縮技術的演進，電線傳遞信號的能力與十多年前已經不可同日而語。1990 年代初期，我們使用撥接上網（許多人可能沒有聽過「撥接上網」，就是利用電話線作為網路，要打電話到特定的電話號碼，連上網際網路），當時的電訊非常慢，每秒只有 16K（1 萬 6 千位元，相當 8 千個中文字），後來演進到 ADSL，可以達到每秒 1M（1 百萬位元），已經是 16K 的 660 倍，現在的家用網路，更可高達 100M（每秒傳輸 1 億個位元），而速度還在成長，幾秒鐘就可下載一部 47 億位元（4.7G）長達 2 小時的電影。

這些都是透過幾股細細的電話線就可以達成，更何況相對是非常巨大的電線電纜。魁電不只把電力線當成有線網路，同時把電表當成路由器、無線基地台，這一來讓整個通信產業都翻轉了。

魁電的電表已經是產業標準，同時考慮到低電磁波，資訊安全，以及保全的功能。現在的行動電話基地台必須放在高樓屋頂上，遠遠的發射，希望能夠穿透無數水泥建築物，到達手機，同時也能接收手機的訊號，這需要很大的功率，這也意味著很大的電磁波輻射；像陳椒華所主持的反電磁波公害團體到處呼籲重視電磁波的危害，聯合國也把手機電磁波當成第二類致癌物，代表高強度電磁波對健康的風險；我的親身體驗是打手機超過 3 分鐘，我就會頭痛，不是心理因素，而是生理現象。

就連民航局、航空公司也都禁止乘客與機員在飛機上使用手機，就算已經著陸了，也不准用。我本人對此並不以為然，因為我問過波音與

空中巴士的客機設計工程師，為何手機可以干預飛機，他們都笑著說，飛機並不是那麼脆弱，要不然恐怖分子只要帶手機上飛機，打個電話就能造成墜機？手機信號再強，也不會強過基地台。

在航道下方，我們還是可以看到許多基地台，他們認為這是航空公司把責任推給乘客的把戲。

如果每個電表都成了無線基地台、路由器，那麼每家都成了蜂巢式基地台的一部分，很快就可以網網相連。魁電是利用電表當作無線電的傳輸的工具，一方面可以即時把電力供需的資訊傳到區域調度中心與中央調度中心，同時還有足夠的頻寬作為通訊使用，同時電線也是很好的有線網路的網路線。

因為家家都有電表，有時還不只一個電表，電表可當基地台，那麼無線電波就像家中的無線電話，或是 Wifi 無線網路一樣，不需要再像過去的基地台要那麼大的功率，也不需要像現在的基地台到處躲躲藏藏的，都可以登堂入室，只是電信公司一定不高興，他們必須借用電力公司的電路當成通路。

魁電只是把 PLC（電力線通訊，Power Line Communication）的技術擴大使用，再加上無線電，現在就連臺北光華市場，中國的淘寶網上，都在賣「電力貓（Power Modem）」，只要接上外面的網路，透過家中的插座，只要在同一個電表內的所有插座都可以當成網路的端口，連上另一支「電力貓」，電線就是網路線。[3]

在歐洲與中國很流行的「電力貓」，把牆上的 220 伏特（在臺灣是 110 伏特）交流電插座當成數據線的插座，可以傳送高達每秒 500M（每

3　電力線通訊（Power Line Communication，英文簡稱 PLC）技術是指利用電力線傳輸資料和媒體信號的一種通信方式。把載有資訊的高頻載入於電流，然後用電線傳輸到接受資訊的適配器，再把高頻從電流中分離出來，並傳送到電腦或電話來傳遞資訊。

秒傳送 5 億個位元）。最近「電力貓」還發展出兼具有線與 Wifi 的網路系統，網路速率也可達到每秒 300M；電力貓的有線數據傳輸，在 300 公尺電線長度內，可以穩定而迅速的傳輸數據。

這是短距離、小規模的電力與電信並軌的例子，到了電網的層級，就會更複雜龐大，但基本原理還是一樣的。在 21 世紀資訊時代，與其說誰掌握資訊，誰就是贏家，不如說，誰掌握資訊的通路，誰就是贏家，更何況能源與資訊的結合，將帶來巨大的知識與力量，結合這兩項所向無敵，只是要用在正道，而不是走火入魔，像打開潘朵拉的盒子後無法收拾。

魁電利用家家戶戶的電表，成為進入家中的「電力貓」，可以用來收集即時的電力資訊，作好電力調度、負載管理，當然，抄電表這種工作再也不用人做了，所有電力資訊都會傳到各地的控制中心。

魁北克人還開始改造自家的油電混合車，車停在車庫時，就是蓄電池，可以儲存過剩的電力，當自己發的電；外電不足時，可以當成不斷電的電池，或是引擎啟動，當成發電機。這一來，更可以確保需要電的時候不虞缺電。

魁電花了 5 年的時間改造電表系統，現在魁電不只是電力公司，也是電信運營商。

假如我是臺電董事長

在我的假說中，「臺灣電力公司」，和未來的「臺灣電力與電信公司」，簡稱都是「臺電」，為了區隔現在的未來的「臺灣電力與電信公司」，加上驚嘆號「臺電！」，就像楊致遠創辦的雅虎，是「Yahoo!」，驚嘆號代表另一個時代的開始。

　　對於臺灣而言,臺電應該不只是「臺灣電力公司」,更應該是「臺灣電信公司」,這一來,臺電不但不會破產,反而會成為全臺灣最大的公司,不要一天到晚抱著核電發愁,而是在核電的黑暗輪迴中找到一條通往天堂之路。

　　我曾寫過一篇「假如我是臺電董事長」,我就把「電力通訊」當成主要的「政見」,這篇文章在《新新聞》刊出後,有些「核電流言終結者」在網路上訕笑,但是一些老臺電人卻給我很大的鼓勵,因為他們過去隱隱約約的想到可以把電力線通訊當成營業項目,但是因為臺電內部的「分工」,而且有《電業法》長期的保護,臺電只專注於電業,特別是發電的部分,反而忘了自己坐擁寶山,未能與時俱進,沒有開發電信。

　　「如果我們真的可以發展電信,那麼臺電不必老和中油爭誰是老大,臺電是臺灣電力加臺灣電信,絕對比得過兩個中油。」一位退休的國營事業前輩和我談這件事時,非常興奮且語重心長的說。

　　「可惜現在的執政者,不論是哪個黨,只知道眼前近利,用小恩小惠討好選民,或是以不切實際的政策來騙選民,而沒有魄力與遠見,來做一次臺灣產業真正轉骨的革命。」

　　國營事業油電之爭從來久矣,其中最厲害的一次,是天然氣進口之爭。在李登輝執政初期,國際能源與環保趨勢就走向天然氣,而石油進口是中油的特權,從 1990 年代初期,即開始了油電天然氣大戰,原本要成立合資公司,但因為誰佔 49%,誰占 51%,或一半一半,爭議不休,最後破局。中油負責天然氣進口,而臺電非常不服氣,因為臺灣最大的天然氣用戶是臺電,卻要向中油「買氣」,所以臺電一直不願使用天然氣,因為每用一度天然氣發電,就讓中油賺更多錢,這口氣實在吞不下去。

　　中油和臺電像是兩個被寵壞的敗家子,仗著自己是國營事業員工眾

多，多到可以左右選舉，沒有任何院長、部長，甚至天不怕地不怕的立法委員敢去得罪中油、臺電公會。在這種的環境下，油電公司勒住了人民能源的咽喉，不用努力，只要努力漲價，予取予求。

雖然臺灣的油價、電價看起來低，是因為油電的附加稅收極低，不像歐美日等國油電上加上許多寓禁於徵的環境、消費、污染稅收，而臺灣的政府、政客不敢這麼做，怕降低中油、臺電的「產值」，所以連應該隨油徵收的「汽機車燃料費」都改成隨車徵收，和用油多少沒有關係，使得臺灣的油價存在了非常大的「隱性成本」。

正因為國營事業不需要競爭力，所以臺電「忘了」自己的電網其實可以發展成電信網的機會，捨棄自己的長項，和中油「鬥氣」，結果是多輸，也讓自己的「聚寶盆」成了平庸的鐵飯碗。

電力電信整合，臺灣可以

臺灣是最可能成為地球上第一個電力電信整合的「模範省」。這裡的「省」不是行政區的省，而是節省的「省」，因為如果把電力與電信整合，臺灣會成為全世界能源最省的國家，因為目前看起來，全世界只有臺灣電力公司可以真正成為臺灣電力電信公司，還是簡稱「臺電」。

雖然加拿大魁北克電力公司率先成為電力與電信的「雙營」公司，但是這畢竟只是加拿大的一個省，380萬個電表，也只是省內的標準，並無法成為一個獨立的系統，她只是北美電網的一個環節，成不了大氣候，因為魁電必須和其他電力公司互通有無，別人有別人的利益，不會配合，甚至還會搞出另一個系統來反制。

臺灣的電網雖然不大，比魁電還小，但是是一個絕對獨立的電力系統，不需與外部調度電力，這是一個「小而美」的電網。

　　臺灣雖有民營發電廠，但是電網是國家的，就像馬路是國家的，大家都可以用，而只要電網的主人同意，要改變電網是很容易的，不需要別的國家、別的電網同意，就能夠自立標準，電力同時負載電信，全臺電網同時流動電力與資訊。

　　臺電可改革所有的電表，讓每個電表都成為有線與無線的路由器，家家戶戶的電表透過電線與無線電波連結在一起，正如手機的「蜂巢式」網絡，同時擁有有線與無線的電信，比現在的電信系統更穩定，低耗能，低電磁波輻射，這一來，家家戶戶的電話、有線與無線電視、網路、手機都可以透過電表來實現通訊的功能，而不必再麻煩中華電信、臺灣大哥大、遠傳這些財團公司了。

電線就是網路線

　　很多人不相信電線還能變成網路線，這是真的，不是在水面上走路的神蹟。要知道現在是數位通訊時代，數位是由位元（bit）組成，位元則是由 0 與 1 組成（或開／關），它可以有線或無線傳輸，像我們的手機就是最好的範例。

　　手機可以無線上網，進行區域或廣域的數據傳輸（位元的傳遞），也可透過有線完成。像現在的智慧型手機，可以用無線的 3G/4G 網路直接更新軟體，也可以和電腦連線，透過電腦下載更新的程式，來更新手機中的軟體。用來連結電腦與手機的 USB 數據線則可以傳送電力為手機充電，也可以傳送位元，在電腦與手機間上下載資訊。

　　在臺灣，我們完全可以把臺電的電網改造成電信通路，電網的主人是國家，國家是全民的，新「臺電公司」必須在全民共有共管的前提下才能存在。

把電信納入電力是第一步，後面則是將電網重新定義。

我們用的電，有交流與直流，交流電是為了降低傳輸而設計的，交流電是把直流電轉變成在地線與火線間每秒振盪 60 次（或 50 次）的磁力，不像直流電由正極流向負極。我們的電器使用的是直流電正極流向負極的電，就要把交流電轉成直流電後，才能使用。

如果我們把太陽能、風力的直流電直接拿來用，可不可以？答案是可以，但也不可以。

因為我們近 60 年的電器在設計上，都是配合交流電而設計的，所以不能也不會直接使用直流電，必須把直流電變成交流電，由電器的交流電插頭接上交流電源，再把交流電轉成直流電後，才能使用。

如果我們把太陽能、風力直接發出來的直流電，轉成穩定的固定的直流電源，把電器的交直流轉換器拿掉，直接供給電器的直流電電閘，在理論上是可行，而且節省了許多直流轉交流，交直再轉直流過程中所耗損的能源。

負載管理變成負債不管理

目前臺電用「基載」、「尖載」來唬老百姓，是非常沒有知識的。我們可以把馬路比成電路，馬路一直都在那裡，不會因為你用或不用而改變。電路也是一樣，電網從超高壓到低壓，從發電廠到用戶端，一直就在那裡，不會因為用電多少而改變電網的電路的大小。

只有在用路人把車輛開上馬路時，馬路上才有車，車多了造成擁塞，這需要靠管理才能使車暢其流。如果馬路不好，一天到晚修修補補，就會阻礙車行，造成人為的堵車，並非馬路不夠。如果大家同一時間上路，就會造成道路不足，所以我們不可能為了滿足春節、中秋的短期返

鄉車潮，就把高速公路改為12線道，這樣到了省道、縣道，還是會堵車，這要靠好的調度，才能讓車輛通行順暢，大家可以到達目的地。

如果道路規劃不當，施工品質粗糙，一天到晚挖馬路，道路交通號誌紊亂不明、常常故障，交通警察失職，車輛也不做好保養、維修，老是故障、拋錨，開車的人也不遵守交通規則，橫衝直撞，這種經驗大家在臺灣都有，結果是大家行不得，只能在車上幹譙。

我可以斷言，如果管理不當，蓋再大再多的高速公路、快速道路，都無法解決交通問題，反而只會增加交通事故與死傷的機會。

相同的意象，也發生在臺灣的電力系統上。臺灣的發電、輸配電、用電的管理一塌糊塗，而臺電與經濟部，和所謂「經濟學者」以缺電來要挾蓋更多電廠——尤其是核電廠，這等於是「請鬼拿藥單」，對臺灣的用電非但沒有幫助，反而增加了臺灣缺電與核災的雙重風險。

每到夏日，臺電的限電、供電吃緊的廣告有如「三伏貼」一般，牢牢的釘在各媒體顯著的位置，就像颱風一來，媒體一定要報菜價上漲一樣無聊。為什麼沒有人去報導「雨天出門，會把衣服弄濕」是同樣的道理，「無聊至極」，現在連常上市場的老太太都知道，菜價沒有漲，是新聞炒漲的，菜太貴，不吃就是了，換吃肉、冷凍蔬菜，可以吧。

上班交通尖峰期，警廣常報哪裡堵車，請大家避開，老是那幾條路。為什麼不報導有哪條路好走？任何事物都有供需的變化，季節性的變化，是可以預測，可以調控的。熱了開電風扇、冷氣，冷了開暖氣，晚上開燈，上班開機……都是可以預測的。

用電也是，不用電，就不用發電，沒有發電的尖峰，只有用電的尖峰，如果大家調整好用電，不要擠在一起用，就可以把尖峰解決了，沒有用電的尖峰，哪來的「發電尖峰」？

臺灣根本不缺電，缺的是管理

全臺灣有 4840 萬瓩的總發電量，扣掉少的可憐的太陽能、風力，以及大水力電廠，還有 4200 萬以上，也就是我們完全可以控制的電力，要發就發的電有 4200 萬瓩。但是每年的尖峰用電，只有 3500 萬瓩，而且這只是 37 度以上高溫中午的「瞬間」尖峰值。如果看一看電力最高峰的晚上，用電量只有 2500 萬瓩左右，這代表將近有一半的電廠也在「睡覺」。

重點在「瞬間」，就算是這「瞬間」，還有至少 1 ／ 6 的電力餘裕，而臺電老是説只剩下 3% 左右，這正代表臺電的設備管理的錯誤。少掉的百分之十幾的電到哪裡去了？

臺電總是說再生能源不可靠，我已經刨去了再生能源部分，而事實上當太陽正大的尖峰用電瞬間，不正是太陽能的高峰？臺電說 700 萬瓩的汽電共生不可調度，而臺電網站公布的供電情況，台塑汽電共生發電量超過 200%，不是無法調度，而是多過發電機組的額度太多了。依照環境影響評估法規定，這些汽電共生電廠的產量超過原計劃 50% 以上，應該重作環評才對啊！

臺電有太多的設備管理不當，造成有電廠卻不發電，但是這些不發電電廠不但薪水照發，還可以每年領 4.6 個月的年終獎金，應該改為「不發電獎金」，以資鼓勵配合臺電與經濟部的「缺電、限電恐怖主義」。

負載管理的道理，其實連老奶奶都知道。老奶奶不會在家中的插座上同時插電鍋、電熨斗這兩樣耗電大的電器，更不會同時用。這是最簡單的「負載管理」，我們可以調控用電，但是個人執行非常困難，只有靠「制度」來調控。

上海市民一到夏天，都改在晚上 10 點後洗衣服，因為夏天白天電

價 1 度 6 毛錢人民幣，晚上只要 3 毛錢，一半的價錢。因為上海夏天高溫可到 40 多度，白天用電也很凶，供電一樣吃緊，但是上海工業用電的最高峰期間電費 1 度超過 1 元人民幣，晚上也比較便宜。

而且全中國的工業用電比民生用電貴得多，所以每次工商業鉅子出來說「提高電費會打擊產業、造成產業外移」，臺北政府就嚇得半死，這對北京政府而言，恐怕是個大笑話。中國 30 年的經濟起飛，工業用電一直是比民生的貴。

中國的工業用電一天的電價依用電多寡，分為尖峰、峰、平、谷的四級時間電價，每個級距都有 2 毛錢左右（約台幣 1 元）的價差，以價制量，大規模的調控用電的離尖峰，移峰平谷。

在中國，什麼新聞都有，就是沒有見到某天「瞬間用電又出現尖峰」，因為這不符合國家政策，在問責制的官僚體系中，哪個地方發生這種新聞，當地政府、電力公司領導肯定吃不了兜著走。哪像臺電、經濟部官員愛怎麼用缺電、限電恐嚇我們就怎麼恐嚇，一天照三頓來，中華民國在臺灣真是「自由中國」。

至於水費，中國的民生水費每度高達 3-5 元人民幣，是臺灣的 1.5-2 倍，工業用水更貴。臺灣的民生水費一度只要 7-10 元，而工業用水一度可低到 2 元，連蓋水溝的成本都不夠。

更可笑的是，所謂「水電漲價，產業外移」，這些「工商鉅子」哪一個沒去中國投資？全把產業外移到水電價比臺灣貴得多的中國，可是大家還都相信這套說詞？這說明了這批產業鉅子，做的是吃裡扒外的事，在臺灣用廉價的水電貪國家的便宜，到中國當凱子。

臺電也有夜間用電電價，但是要每個月用電超過 5000 元以上的用電戶才有機會，你我小家庭，根本連基本費的門檻都達不到。結果誰在用夜間用電？大哥大基地台，24 小時都在用電；24 小時不打烊的便利

超商，所以便利超商的茶葉蛋都是晚上煮的。

我建議 7-11 應該開始深夜洗衣的生意，讓大家在離峰電價時間帶衣服去洗，這樣不只是「方便的好鄰居」，還可以變成「方便環保又省錢的好鄰居」。

臺灣調整成尖峰用電、離峰用電電價，有什麼困難？沒有，只是臺電再也不能以「尖峰用電吃緊」當成「核能復興運動」的藉口，更不能用電廠不夠，無限度的新建電廠。

臺電以每個智慧電表要 5 千元，很貴，來誆騙消費者，其實電表是臺電的資產，只是把左口袋的錢放進右口袋，而且這些設備還是正資產，可以拉平用電離尖峰的差異，減少機組的耗損，提高機組發電效率，就算更換 1000 萬個電表，也不過 5 百億元，可以一舉提高供電的效益，一年就能回本，這樣福國利民的事，臺電就是不做。

在中國，家家戶戶的電表都是「智慧電表」，沒有人收費，也沒有人抄表，你可以用電卡去買電，也可以設定電表和信用卡或銀聯卡，自動扣款，除了時間電價可以輕易的解決瞬間的電力尖峰問題，我們還可以用「電力買回（buy-back）」方案來進一步降低用電的波動。

臺電也有電力買回方案，但是用了一個負面可怕的名字——「可停電力方案」，而且只限制少數企業可以享用，一般人是無法享受到的。不論是買回電力或是可停電力，原理都是一樣的，就是電力用戶可以把不用的電賣給電力公司。

從這裡就可以完全了解，臺電是惡意的不做好負載管理，把老百姓當成提款機，把立法院當成掌櫃，恣意妄為，這不需要陳謨星教授來用高深的電學技術解決，只要用心就能做好，但是黑心臺電是用心為惡，民主的臺灣可以任憑其恐嚇、綁架，這是民主法制的恥辱。

創建新臺電！

遍布臺灣的各地的輸配電網，才是臺電最大的資產，一旦電力與電信合併，這些資產的產值倍增，這絕對應該是全民的財產，才是全民之福，如果利用修改《電業法》的機會，讓電網成為臺電的禁臠，或是以民營化、自由化之名，成為財團的私有財，或是以「財團法人」之名，走向私有化，都不應該允許。

我認為我有鼓吹、推動電力、電信併網的使命感，但是如果沒有事先預防，和政商關係透明化，以及目前產官學鉤結問題不解決前，我寧可不要電力、電信併網，因為這將是打開臺灣最黑暗的「潘朵拉之盒」，會放出奴役臺灣人的妖魔鬼怪。

所以建立電力、電信併網的前提，必須是：

臺電！（臺灣電力與電信公司，加驚嘆號是為了區隔現在的臺灣電力公司）是全民為股東的公司；

臺電！的董事長應由民選，而非官派。其政見即為公司營運計畫，也就是由股民（即用電戶）選出董事長，股民沒有年齡限制，只要是臺灣住民都可以選。

臺電！董事長任職期間沒有隱私權，其生活作息、行程安排、電信通聯記錄，見面人士與談話內容都應在網上公布。

臺電！董事長不得兼職，亦不得為公務員，但必須在參選時公布所有三等親的資產。

臺電！董事長必須經常接受檢驗是否心智正常。

臺電！董事長隨時可被罷免，只要用戶在約定時間同時關掉家中電源 10 分鐘，董事長立刻解職。

臺電！除董事長外，選出候任董事長，其規定與董事長同。

臺電！還可選出若干位見習董事長，可由推薦、政黨提名產生。

臺電！董事長任期，要看未來的發展。任期制有好處，有壞處，好處是不會沿家幹、吾子續，壞處是只求短期績效。

有人看了我的意見，認為這比選總統更難，我認為臺電！的董事長的權力比總統還大，他會掌握臺灣的能源與資訊的權力，絕對的權力如果沒有絕對有效的監督，就是絕對的腐敗。我們不求聖人出，只能用小人之心度君子之腹，用公開透明的機制防腐。

11. Y2K，臺電 26 樓

站在調度中心，雖然不是臺北最高的大樓，但是感覺是站在臺灣的最高層，⋯⋯因為這才是 Power 權力的核心，指揮調度全臺灣的 Power，臺灣 Power 的腦，我可以決定讓哪裡有電，哪裡沒電，在現代的世界，這等於是決定了讓誰活在現在的文明世界、把誰打回穴居時代。

回顧近 30 年來的變化，80 年代以前，電話就是電話，後來有了傳真機，又有了呼叫機，這是在之前大家無法想像的神奇經驗，1985 年我進報社工作，傳真機還是非常新奇的工具，報社還要派人到松江路的中央社拿各地送來的通訊稿，而通訊稿很多是刻鋼版的，連影印都還很少。

在 1990 年代初期，網際網路開始成為民用的網路時，我們還用電話撥接上網，只有 14K，傳傳文字還可以，傳照片，就很花時間。但是國際電話昂貴，只要市話的費用就可以傳照片出國，還是很經濟。

1990 年我辦世界地球日活動時，大家還是用傳真聯繫，昂貴而沒有效率，傳真機常卡紙、沒紙。到了 1993 年的地球日，大家開始用網路，世界立刻變得不一樣。我當時有資策會的 Seednet，和美國在線 AOL 的帳號，還要每月付費，但很神氣，也很神奇，印在名片上，與眾不同。

　　我們很習慣的把電信完全和電力分開來看，直到 1994 年我去瑞士，看到有人利用牆上的插座當成網路的插座，我還以為只是利用插座的位置來裝網路線，沒想到，網路信號正是靠電信傳遞的。當時我還搞不清楚交流電的電線如何傳送信號，因為電話線是直流弱電，交流電強電也能當成載具？

Y2K，臺電 26 樓

　　直到 1998 年參與 Y2K 千年蟲的計畫時，我有機會深入臺電的電力管理系統與資訊系統，因為千年蟲是因為電腦的年序辨識問題，當年記憶體昂貴，大家默認 19XX 年只用 2 位 XX 當成年的代表，沒想到 2000 年時，過了 1999 年，99 跳成 00，電腦以為是 1900 年，就產生了重大的時序錯亂，造成極大的危機，這問題發生大到整個電力系統、航空管制系統，小到手錶，都有當機的可能，所以我們在進行專案與危機管理時，一定要清查所有可能與年序有關的電腦、資訊設備。

　　在 Y2K 年序危機中，對臺灣風險最大的也正是臺電大樓 26 樓的調度中心，它如果停止運作，或因年序混亂，造成的影響將使全島的電力驟停，這裡相當是我們心臟的節律點，節律點接收生理訊號，決定讓心臟跳多快，26 樓的調度中心機房中的高速電腦正是扮演這角色。

　　我在最後盤點 Y2K 準備就緒工作時，從 25 樓爬樓梯上 26 樓，無意中發現這層樓梯還特別長，詢問後才知道夾層中還有冷卻電腦、硬碟的液態氮冷凍設施，我趕緊問這套設施是否 Y2K 就緒，幸好問了，這套系統可能無法跨越 Y2K，趕緊調整，否則 Y2K 會有什麼風險，很難預料，因為冷凍系統若失常，則高速電腦與硬碟就會喪失功能，也會造成調度中心停擺，全島就停電了。

　　站在調度中心，雖然不是臺北最高的大樓，但是感覺是站在臺灣的最高層，總統、行政院長、各部會首長都在腳底下，因為這才是 Power 權力的核心，指揮調度全臺灣的 Power，臺灣 Power 的腦，我可以決定讓哪裡有電，哪裡沒電，在現代的世界，這等於是決定了讓誰活在現在的文明世界，把誰打回穴居時代。

　　我相信，在臺電 26 樓是全臺灣最接近上帝的地點。

電力調度的運作

　　調度中心的運作非常複雜，簡單來說，當我們打開電燈開關，到用 Google 來搜尋某一個字詞時，就會產生需電，電力系統就要把電力傳進用電的設施中，這都是以光速運行的動作，在每一個瞬間，有太多的開關啟動、關閉，沒有人有時間可以通知臺電送多少電給我，但電力就「自動」上門，經過你家的電表，進入用電器。

　　電燈開關還簡單，像我們用電腦去搜尋關鍵字時，當 Enter 鍵按下去時，你的電腦瞬間就把詢問的關鍵字的 byte（位元）訊號透過電信線路傳送給 Google，電信訊號的傳輸一路上需要電力的扶持，讓訊號放大，不致在傳遞時衰減，再通過衛星、海底電纜，把訊號傳到太平洋彼岸 Google 資料中心的超級電腦，找出關鍵字的內容，再把訊號透過電信網路，返回給用戶。

　　譬如我 Google「臺電調度中心」，一按下 Enter，幾乎同時電腦螢幕就出現了「臺電調度中心」關連的連結，而且在左上角還會顯示這次搜尋花了 0.043 秒的數字，多麼神奇啊！有人分析過，當我們搜尋一個關鍵字，所消耗的電，可以煮一杯咖啡。

　　但想一想，這搜尋的電訊都是靠電力來維持與保證品質，在這一路

上有多少用電設備同時工作，都來自於不同的電力公司，衛星則是來自它的太陽能發電板和儲電裝置，這一系列都在千分之幾秒內發生，在數據的 bite 洪流中，維繫這些位元訊號的，還是穩定而持續的電力。

電力調度中心負責不間斷地偵測臺灣所有用電的情況，透過各變電站、中繼站的訊號，知道哪個地方需要用電，像開幾盞燈、電腦、電視、冰箱與冷氣壓縮機……都會從電網中發出需要的訊號──電位降低，電力調度中心就會調節電廠發出更多的電，供應電力給用戶；反之當我們把電器關掉，當地的電位就會上升，電力調度中心一偵測到這訊號，就會調節發電廠少發電。

調度的工作也是在電光石火間，他們的時間單位不是分秒，而是多少毫秒（千分之一秒），或是微秒（百萬分之一秒），往往就是在百萬分之一秒的失誤，就產生大停電的後果。

在調度中心的大型螢幕中，不斷出現臺灣電網電位的變化，這是臺灣的脈搏，可以看到臺灣的生命線就維繫在這些瞬間，而造成電網變動的，就是那些大工業用電戶的用電。調度中心人員可以從電位變化的曲線、頻率指出這是中鋼在軋鋼，還是燁隆在軋鋼，這些大用電的脈衝，時時刻刻衝擊著全臺電網，如果他們反覆的開、關電力需求，就像電網中一波波的巨浪，如果碰巧在一起啟動，或一起停止，在電網中產生電流的共振，對臺灣的電網都可能是一次致命的打擊。

民生用電多，還是工業用電多？

一位清大核工系畢業的中鋼高層工程師常向我抱怨，中鋼電價太貴，因為中鋼用了很多的電，而一般民生用電只用一點，這就像大批發和零售，價格不同。這是清大核工人的通病，只知其然，不知其所以然，

更不知系統性的結構問題。中鋼用電並非恆常的用這麼多的電，而是巨大幅度的起起伏伏，其實對電網是非常傷的，如果中鋼是 24 小時，365 天時時刻刻都是用一樣多的電，我非常同意他的說法，但事實剛好相反。

正是因為中鋼這些大電力用戶的運作，造成全臺電網極度不穩，臺電必須準備多重的迴路，供應他們，第六、第七輸配電計畫主要是為了穩定這些隨時開關大電力的用戶，花了數千億元，可以蓋兩座核四廠。

在臺電第七輸配電計畫的預算書中，證實了臺電為了「穩定工業大電力用戶供電」，這計畫注定賠錢，也就是要用廣大用電戶的錢來補貼用電忽高忽低的大工業用電戶。

我們在看一個電力系統時，不能只看總量多少，還要看使用情況的分布，鋼鐵業用電的特性是忽高忽低，分布極不均勻，要靠外面的電力來「緩衝」鋼鐵業的用電。像中國上海的寶山鋼鐵，規模是中鋼的數倍，他們必須有自己的電廠，以免「擾亂」整個電網的穩定性。而中鋼則是用全臺灣的電網來穩定他的間歇性用電。

鋼鐵業、石化業這些瞬間用電量爆增爆降的工業，是臺灣電力平衡上的沉痾，臺灣只是一個中型的電網，而且是單一電網，所有的電都在一個電網中，而這些鋼鐵石化的量體卻是以美國、中國這麼大的土地、電網的規模在建設的，等於是要一匹迷你馬拉好幾部豪華轎車，而開轎車的人卻不時踩油門、踩煞車，這匹迷你馬遲早過勞死。

相對小兒科的民生用電，用得少少的電，卻要負擔高額的電價，來「支持產業」，每到所謂「用電吃緊」時，就要求民眾節約用電，一些不明就理的民間團體也隨之起舞，大聲疾呼節約用電，但是這根本是杯水車薪、本末倒置的運動，但是這樣的戲碼一直上演，沒完沒了，形成永無止境的洗腦浪潮。

把電力和電信結合，是必然的趨勢，臺電如何「知道」每個微秒間

各地用電量，以百萬分之秒的速度調度電廠供電，完全靠的是電路中「天生」的資訊傳遞能力。

臺電有個電信局

1998 年評審臺電 Y2K 因應計畫時，清查所有臺電的資訊設備，當我看到所有臺電的資訊類資產清單時，赫然發現臺電內部竟有一個非常完整而龐大的「電信局」，而且臺電的電信局的能力非常穩健，但是在電業法的「保護下」，臺電只能經營電業——發電、輸電、配電，不能經營電力以外的事業，不然早就有同時兼備固網與無線網路的「臺灣電信公司」和中華電信打對臺了。我估計「臺灣電信公司」絕對有能力打垮中華電信，因為畢竟有電的地方多於有電話的地方，如果臺電的電網就是資訊網，這是一個多美好的世界！

為什麼臺電有「電信局」？道理很簡單，因為臺灣有上百個發電廠分布在各地，它們要把發的電輸送到全島各家戶，當你打開電燈、電視、電腦時，什麼機制決定電廠要發多少電來供應，哪些機組要升載多發點電，哪些機組要降載少發點電，或停機，都是由位於臺電大樓 26 樓的調度中心來負責指揮調度。由於全臺灣有上億個開關，不可能由人力來調度，完全要靠電腦來操作，所以電線加上微波，把用電的信號傳到調度中心，由調度中心的電腦來調度，這是千分之一秒的計算。

我在調度中心待了兩天，因為這是最關鍵的電力中樞，如果調度中心的電腦出了問題，全臺灣就癱瘓了，要再回復供電，可不是三兩天的問題。我個人認為，調度中心是臺電最精彩的地方，也是最有價值的地方，未來如果實現「臺灣電力公司」，則調度中心不只是臺灣的電力中心，也是資訊中心。

只付電費不用付通訊費的「臺灣電信公司」

我常和臺電的朋友說，在國際上臺灣的電價是低的，但臺灣的電話、手機、網路價格卻可以和非洲落後國家比美，電信完全是暴利產業，你們應該爭取成立「臺灣電信公司」，我們的通信費用至少可以打對折，誰會計較你的電費多少錢？

以我家為例，1 根有線電視加寬頻，每個月 1 千 5 百元，2 支手機上網吃到飽各 1398 元，再加上 2 門市話，一個月也要 500 元，算一算，每個月的基本費加上超出費用，高達 5 千元，而電費 2 個月才 1 千多元，夏天開冷氣，又是漲電費，兩個月頂多 3 千多元，全年繳給臺電的錢只有通訊費用的 4 分之 1，如果打包，全由臺電供電又 供電信，一個月可以省下電費還不只。

如果有一天，我們可以把臺灣的電力、電信基礎網路結合，恐怕我們只要付電費，就可以通訊（電話、手機、網路、有線電視）吃到飽了。當然，如果我們寄望大有為的政府來做，不可能的！因為政府才是始作俑者，他們也是這些業者的傀儡。我只能寄望臺灣人的覺醒，尋求真正的民主化，奪回自己的主權，如果今天我們不能決定自己的電力使用權，也不能決定自己的發電權，那麼就不會有人權、主權。

而財團躲在政府的背後，用商業包裝，讓人民以為一切都是美好的。臺灣高速公路的電子收費系統 ETC 被遠東集團以不正當手段取得，其取得方法就是以賄賂總統家族、官員，以及評審委員，正如偷竊所得的贓物，而我們卻要付錢給偷竊的財團；原來是國營的中華電信，轉民營後，其實是產官合作的財團化，和其他運營電信業的財團聯合壟斷，以最貴的價錢、最差的服務品質，大賺其錢，更把通往未來的網路環境都給破壞了。

12. 愚蠢的核電騙局

電力消費是一種倫理，倫理是人與人相處的基礎，不是法律，
但倫理的效力往往大於法律，或是引導法律。政府與臺電用
欺詐的手段把電賣給人民（消費者），就是犯罪。

今天我要談的不是電，而是電所代表的精神。電無所不在，是自由、平等、博愛的，電以光速在導體中運動，迅速，也受到電阻的約束。電可以轉變成各種形式的能量，聲音、光、熱、電波、磁場，這些能量的排列組合，組成了花花世界，簡直是自然界的孫悟空，沒有如來佛可以收服它。

自由自在的電

電是天、地、人共同的產物，在中國的中學生常背一段口訣：「電生磁，磁生電，電生磁無條件，磁生電有條件，導線切割磁力線，閉合磁場磁通變，若是電子跑到磁場力，洛倫磁力（Lorentz force）必出現。」

電和磁有如陰與陽，充斥在宇宙，地球則是一個大磁體，南北極周而復始運動的磁力線形成電磁場，大氣層像是外套包覆地球外面，保護地球表面免於受到宇宙射線、太陽風暴等外來的電磁波的衝擊，就像星際大戰中宇宙戰艦的防護罩，而南北極的極光，就是這些科幻電影想像

的原型。

「電生磁、磁生電」是自然現象，因為看不見電與磁，一直到 19 世紀歐洲在工業革命後，實驗物理興盛，才建立了現代電學的基礎，這是人類文明上最重大的突破，讓人類可以運用宇宙原本存在的能源。

而中國自鄭和下西洋後，科技就不再進步，這是受到千年科舉限制，就像把婦女纏上小腳一樣，千年帝王統制人民的科舉，是持續千年中國人思想纏足運動，限制了所有人的想像力、創造力，與對自然事物的思辨能力，製造出只會聽話、背書、複誦的學徒。

每次看到馬英九，就會想到這真是中國兩千年科舉文明的結晶啊！我很想問馬英九，這段「電生磁、磁生電」是怎麼解釋，我猜他一定不能說清楚、講明白；如果拿去問蔡英文，我料想這些臺大法律系的高材生恐怕也差不多。

我們生活在電的世界裡，大家對電的了解卻少之又少。我與吾友高雄師大附中物理老師、高苑科技大學講師魯台營就經常發牢騷，臺灣的教育承受了中國千年之毒，再加上百年殖民地之害，數十年黨國教育之毒，在洗腦教育下，學生讀書只為考試的分數，而不是知識的內容，一般人更缺乏常識，而廟堂高官更是如此，我們都非常同情馬英九，一個被一群笨蛋選出的笨蛋，這不是馬英九的問題，而是系統問題，更可悲的是，在這樣的系統中，產、官、學加上媒體，還會再塑造出更多的「馬英九」，因為人人都是「馬英九」。

「陳水扁」、「馬英九」這六個字，其實承載了臺灣 2300 萬人的共業、罵名，他們所犯的錯誤是臺灣所有人每天都在犯的，只是坐上總統的位子上被無限的投射、放大，形成如同海市蜃樓的妖異景象。

想一想，因為法律系、律師考試不考電學、物理、化學，所以不學，如果馬英九對電的認知還停留在 19 世紀前，他們如何領導臺電？

臺灣電信費，世界最貴

臺電像是「魔鬼終結者」中叛變的機器人，人民賦予它控制巨大能源的權力，它反過來控制政府與人民。就像如果無知用電，就可能會被電死，或是電線走火造成火災。水能載舟，也能覆舟，電能造福，也能為害，權力亦復如此。

臺灣人如果不能快快覺醒，先從提升自己的常識開始，養成觀察、思考、辨證的習慣，將永遠成為思想的殖民地，只是周轉於不同的宗主國罷了。

臺灣媒體對菜價一斤漲了幾塊錢就斤斤計較，但對「臺灣的電信費用是全世界最貴的」，好像提都不提。不用和別人比，就和中國比一比吧。

中國的電信當然都是國營事業，中國地方遼闊，從廈門打電話到新疆烏魯木齊上萬公里，但資費比臺灣島內互打還便宜。在中國手機用戶，不論是中國移動、中國電信、中國聯通，都可以立即在手機上用簡訊，或是網路 App 查到即時的通話與數據流量，而且也可以清楚查到每分每秒上網的流量紀錄與通話紀錄。而臺灣卻要費很大的功夫，還要花錢，才能向電話公司「申請」到電話帳單，而且是上個月的。臺灣電信公司也有 APP，但是用起來就是卡卡的，查詢不易。

臺灣的公用事業資費幾乎是不透明的，消費者無法很快查到自己的使用情形，電話費、手機費都是最資訊化的民生消費，但是我們都無法方便的知道，即時掌握。

電信公司不告訴你打了多少電話，花了多少錢，用的理由是「保護消費者個人資料」，所以不便透露。對這種理由，我只能豎起中指！

讓人不舒服 ≠ 節能減碳

許多人打著環保節能的大旗，惡意整人，此例莫過於經濟部能源局規定夏天公共場所內室溫高於 26 度就要開罰，既不經濟，又不節能。

我非常不明白能源局以管制各種公共場所夏季的溫度不能低於 26 度的愚蠢決策，更奇怪的是國人竟然還要遵守，除了證明臺灣人集體服從外，似乎沒有其他任何好處。

首先，臺灣根本不缺電。能源局 2012 年的能源統計手冊中顯示，臺灣的發電能力是 4840 萬瓩，而電力最高峰是 3500 萬瓩，怎麼會缺電？就算當時一點風也沒有，一滴水也不能發電，臺灣還是有 4200 多萬瓩的供電能力，太陽能在大太陽下也是發電尖峰，但是在臺灣少得可憐，連 1 趴都沒有。

夏日尖峰正是烈日當空，應該可以有太陽能可以用吧，但是裝置量不到 1 趴的太陽能，少得可憐，根本無濟於事。

能源局應該鼓勵大家合理用電，管制臺電有效發電，像夏日最高峰的夜間離峰，用電量還不到 2500 萬瓩，這是最高峰的用電日；如果是離峰用電日，則尖峰還不到 2500 萬瓩，離峰更低於 1500 萬瓩，這是大量電廠閒置的證據。

要節約用電，不是盲目的調高公共場所溫度，這是鋸箭式的方法。應該從建築物的絕緣保溫與遮陽下手，規定建築物的能源效率，與電費掛鉤，效率越低，電費越高，反正這些不在乎能源效率的屋主也不會在乎電費高一些。

許多公共場所如百貨公司、電影院、會議中心、辦公大樓冷氣冷得不得了，是因為冷氣的設計安裝錯誤。臺灣的冷氣空調業者為了賣更大功率的冷氣，等於更多收入，所以在一些不在乎預算的公家單位，或是

大款企業，就安裝了超量的冷氣，而不做任何絕緣隔熱、遮陽的措施，像都市的玻璃帷幕大樓，大量吸熱，需要超功率冷氣移熱，一方面自己耗電，更把聚集的熱量移到戶外公共空間，讓大家更熱，害人害己。

我們可以看出，每天中午 12 點並非電力高峰，因為中午大家出去吃飯，臺灣人非常節省，都會把電燈、冷氣關掉，所以在上午 10 點到下午 4 點之間的用電尖峰時段，12 點到 1 點間是尖峰中的小山谷，上班日每天如此。

如果要強烈措施，可以規定用電最高峰的 7、8 月，工作日中午 1 點 45 分股市休市以後，電視休播 3 小時，等 4 點以後再開播，讓不工作在家看電視的，都關電視休息，就能騰出很多的電力，供工作使用，且不防礙人民作息。

如果是有效能的政府，行政院可以指揮經濟部標準檢驗局，與內政部營建署、財政部賦稅署，訂出各種房舍、電器用品的節能標準，找出耗能屋、浪費空調，予課徵較高的能源稅，房屋稅可以年年徵收，直到改善節能為止，電器則可依用電量大小課徵，讓耗電的產品繳付更高的能源稅。

不過我常說，現在的無能政府不可能做到，即使換黨執政，也做不到，因為問題的癥結在於官僚系統已經僵化，誰執政都沒用，除非修改目前的官僚制度，訂定明確的問責制、崗位競爭制，讓有才有能的人為國服務，靠今天的米蟲公務員是不可能的。

電，實現直接立即民主

我們常說中國的服務品質不佳，但是從我切身的經驗，臺灣的電信業者對消費者權益踐踏，才令人髮指。

　　我後面會說明，電力和電信是同源雙生的兄弟，未來勢必合併。所幸目前掌控電力與電信事業的巨頭都滿意於現在的壟斷產業，還沒有合併，否則電力與電信結合成雙頭怪獸，消費者將更永無翻身之地。

　　電與電信，都是消費者決定的，當我們打開開關，電力和電信才能流進來，否則，就算電力公司發再多的電，也沒轍。

　　所以電是一個「絕對民主」的商品，早在 1990 年東歐解體前，波蘭人曾經用電來進行公民投票，他們反對共產黨，又沒有可以投票的機制，有人想出了一個方法，在晚上的某一段時間，大家把家中、工廠中的電閘全部拉下，頓時用電量大減，用這個行動表達出他們對當權的不滿，後來華勒沙領導的團結工聯推翻波共，建立新的政權、政府。

　　後來從澳洲發起「夏至關燈 1 小時」活動，呼籲大家要節電，也可以從當天晚上 8 點到 9 點的用電變化，來估算有多少人參與，這也是一種直接表達方式。

　　電是一個極端民主的消費品，用電完全取決於消費者的自由意志，沒有人能強迫你把電的開關打開或關上，但是在臺灣卻是由政府和臺電決定的，一副「給人民用電，是皇恩浩蕩」的姿態，這是臺灣民主極大的恥辱。

經濟成長才會用電成長，不是多發電多成長

　　哪裡來的「基尖」？

　　臺電創造出「基載」、「尖載」供電的神話，把核電當成「基載」，也就是 24 小時都發電的基礎供電設施，把天然氣當成「尖載」，理由是天然氣貴，所以要少用。

　　這有以下的幾個結果：

1)　電力成本是發電成本除以所發電的度數，在帳面上核電變得更便宜，因為分母變成極大，而天然氣變得極貴，因為分母變得極小。任何一個知道除法的「商」的人就明白這道理。

2)　核四發電成本無限大。核四根本不能發電，發電量是 0，即使是建廠只要 1 元，每度電的成本是無限大，這和花了 3 千億還是 3 千兆建廠都一樣，每度電的成本還是無限大。從消費者的角度來看，1 度核電成本無限大，核電的總成本就成了無限大。現在用「封存」來為不能發電的核四緩頰，臺電打蛇隨棍上，還要數十億的封存費，就像肇事逃逸，回頭還要遮羞費。全世界大概只有臺灣人能容忍這種荒唐無恥的事。

3)　創造電費便宜的假象。政府和臺電一再宣稱臺灣的電最便宜，這其實是錯的，從電力成本來看，臺灣的成本是極高的，除了臺灣不產核燃料，不產油、煤、天然氣，百分之百進口，所以原料成本不可能便宜；再加上臺電經營得一塌糊塗，連一個核四廠都沒有完工期限（已經拖延了 14 年，還寡廉鮮恥的說要「封存」起來），也沒有預算上限，盲目開發電廠，使得一年的發電設備閒置率可以高達 40% 以上（後面說明）。

便宜的最貴

義美公司總經理高志明曾說過，義美能夠每次在黑心食品風暴中都不沾鍋，其中一個原因是充分考察供應商的價格和國際市場價格的差異，如果沒有理由或不合理的低價，這食材必然有可能是黑心的。

同理可證，全世界具有核電技術、核燃料的國家的核電成本每度都在 3 元以上，而臺灣不具備核電技術、人才與核燃料，全部要用高價進口，而每度價格只要 0.67 元，這若不是黑心商品，是什麼？

國外電費看起來比較貴，政府官員和幫閒學者老是拿德國發展綠

電，廢除核電，電價上漲來說事兒。而事實上，國外的電費貴，是因為電費中附加了各種租稅，如增值稅、能源稅、碳稅、綠電補貼，臺灣沒有這些稅，所以電價看起來便宜。汽油也是如此，一般家庭一年跑不到 1 萬公里，如果把汽車燃料費加入計算，每公升的汽油保證超過 40 元。

電力消費是一種倫理，倫理是人與人相處的基礎，超越法律，或是引導法律。政府與臺電用欺詐的手段把核電賣給人民（消費者），就是犯罪，但今天似乎沒有人起訴這個詐騙集團，還每天任由他們胡說八道，更可恨的是媒體，還幫著宣傳，就怕沒有「業配」。

這是不可饒恕的，而臺灣人民無法掙脫這種低級的騙局，只是證明我們集體麻木昏昧罷了。

臺灣空有民主的假象，在電力消費的錯亂中，民主只是「國王的新衣」，沒有智識的人民，基本上沒有資格談民主。

13. 廢除核電，也不缺電

能源局的 2012 年的能源統計年報資料顯示臺灣的發電機組總共有 4840 萬瓩，如果全年滿發，可發 4240 億度的電，而臺灣在當年毛發電量為 2540 億度。這代表全臺灣只有 60% 的發電量，距離國際的 80% 以上的合理成本計算標準甚遠。

臺電常常用「尖峰負載」來影射電力不足，洗腦人民，讓大家認為在夏天中午時臺電供電吃緊。

這三十多年來臺電都用夏天最熱天的上班日下午 2 點左右，全年用電的最最最高峰當成「尖峰負載」，說備載不足了（備載，其實是還剩下可以發電的電量，但大多數人都聽不懂是什麼意思），要限電了，這樣不斷的增加蓋電廠，即使到今天臺灣全年電廠的稼動率不到 60%，還要增建每小時發超過百萬度電的超大型的機組（像核四），這真是愚蠢至極的事，但三十年來就是這樣過來的，所有行政官員、執政過的政黨都要負責。

沒有尖峰發電，只有尖峰用電

為了還「核四停建電價就會漲」的願，最近臺電和經濟部整天都以電費要調漲來疲勞轟炸人民，可笑的是，監督國家預算的立委諸公們像

是一群人偶，完全坐視行政部門胡作非為，委實可惡。就算夏日供電量大，但用電最尖峰也在可供電量的八成內，完全沒有「以價制量」的漲價必要。

臺電是壟斷的國營事業，採購、營運、人事、會計、績效考核必須完全透明，所以成本必然是完全透明的。如果電費要上漲，就必須拿出一套客觀可信，並可經公眾驗證的數據出來。可是中油、臺電的油電成本，永遠是黑洞，即使有「經濟部油電價格委員會」，也都無法搞清楚到底 1 升油、1 度電的真正成本是多少，隨中油、臺電隨便「揮」，因為所有的成本都是黑盒子。

電學泰斗陳謨星把「臺電作假帳」的弊端批判得淋漓盡致，因為臺電是獨家生意，唯一的產品是電，電也沒有庫存，成本應該是一目了然的。但是臺電就有辦法五鬼搬運，把核電的成本壓低到全世界最低，0.67元，因為臺電只讓核電全力運轉，其他電廠必須停下來，也不付其他電廠的「輔助服務成本」（因為電廠的投資是固定的，如果不發電，成本攤提就會高起來，發電的電廠必須償付這些電廠不發電而產生的成本）。另一方面，臺電的「備載容量」也是在沒有管理下虛報的數字。

均化電力成本，核電最貴

國際正常的電力公司，在電網內與電網間相互支援電力，為了彼此公平拆帳，就有「均化電力成本」，就是以 20 年至 40 年的電廠所有的成本（包括財務、興建、營運維護、燃料、除役／改裝等）進行生命週期分析，算出每度電的合理成本多少錢，各國大多以核電廠運轉 90%，燃煤或天然氣的火力發電運轉 85%，調度用的天然氣 30%，風力 35%，光電 25% 的基準來計算成本。

反觀臺灣，為了鼓吹核電，核電的運轉率近 100%，除非跳機，18 個月只停機 1 個月維修，亡命式的狠操 6 座老朽核電廠，除了歐盟壓力測試認證這些核電廠不符合國際萬年一遇的地震海嘯標準外，核二廠兩座機組反應爐基座的錨定螺栓都斷裂，舉世唯二首例。更可怕的是，2012 年核二廠在發現錨定螺栓斷裂前，2011 年的全年發電率是 102%，代表核二廠是全年無休，超運轉發電，它不過勞死，才怪！

能源局的 2012 年的能源統計年報資料顯示臺灣的發電機組總共有 4840 萬瓩，如果全年滿發，可發 4240 億度的電，而臺灣在當年毛發電量為 2540 億度。這代表全臺灣只有 60% 的發電量，距離國際的 80% 以上的合理成本計算標準甚遠。

這代表臺灣的電廠太多，或用電太少，供大於求，閒置電廠太多，就像一家牛肉麵店每天可以賣 100 碗麵，賣 80 碗就能打平，但只賣了 60 碗，當然要虧本了。這家店卻只想漲價，還擴張店面，增加高新員工，年終獎金 4.6 個月，這家店肯定倒閉。

一個工廠的稼動率低於 70%，大概也會倒閉，而臺電所有機組的稼動率還不到六成，溢出的成本（呆人、呆料、呆廠）更是驚人，這才是臺電賠錢、破產的癥結。

核電年發電量為 4 百億度，如果核電廠全停，臺灣還有 3800 億度的年發電能力（不能滿載發電的風力、水力、太陽光電一年才 91 億度的電，實在無足輕重，就算不節電，每年用電 2500 億度，仍只用了 66% 的最大供電量，所以還可以再淘汰更多效率差的燃煤機組。

最近臺電又嚷著再生能源要每戶一年漲電價近 3 百元，這更是可惡。因為今年 7 月就要讓用電戶以高價認購綠電「作功德」，以每度 4.06 元的價格去買每度不到 2 元的綠電（最大宗的水力每度才 1.5 元，2012 年發 84 億度，風力 7.36 億度，太陽能 0.13 億度）。基本上綠電根本是

在補貼火力發電（火力發電每度價格在 2.2 元以上）。

廢除核電，也不會缺電

立法委員們，請好好做好你們的工作吧，把臺電、經濟部提出來的每份成本文件好好查清楚，不要只顧如何拿臺電的「敦親睦鄰」預算，別忘了，臺電會多出這麼多的閒置發電能力，這些電廠的預算都是你們審議通過的，還要繼續當臺電浮濫的共犯嗎？

2013 年 2 月 24 日立法委員鄭麗君用實際政府發布的各項數字，揭穿了臺電與經濟部的「缺電騙局」，在這份《核四停建，不會缺電》的報告摘要寫道：

・繼本辦公室第一篇研究報告《臺電的完美騙局──揭開臺灣電力投資過剩的真相》，揭穿「臺電在核四成為政治熱點時會刻意高估未來電力需求」的真相之後，本篇研究報告要再度踢爆臺電完美騙局 Part II，指出臺電不僅會高估未來用電需求，也會刻意低估未來供電能力，以製造「不建核四、就會缺電」的假象！

・事實是，我們自始至終就不需要核四，臺電說沒有核四就會缺電，是一場跨世紀的最大騙局！臺電所主導的這場跨世紀騙局，全民浪費了三千多億元，等於每位納稅人被詐騙了 3 萬 5 千元，去蓋一座根本不需要的核四廠。

・本研究指出，臺電低估供電能力的「祕訣」，就是用較低的出力參數值來低估尖峰供電能力。與過去的電源開發方案和 2001~2012 年的實際值相比，都明顯低估！

・本報告還原上述三篇電源開發方案「應有的尖峰供電能力」，發現三篇方案的最大低估值，竟然相當於 1.7 座核四廠的供電能

力！

・至於沒有核四，會不會停電？本報告以 2001~2012 年出力參數值推算，「核四不運轉、核一、二、三如期除役」的情境下，自 2013 年至 2025 年非核家園實現時，都不會有缺電危機。換句話說，按照目前政府核定的電源開發方案，即使扣除核四，也不會缺電！臺電要反對者提出替代發電方案，根本是刻意誤導的政治宣傳手法。我們要求立即停建核四，並停止追加預算！

鄭麗君所揭露的資訊都是事實，不必用太高的經濟學、數學模式，都能夠找出政府與臺電所提出來的報告彼此間的矛盾，從這些矛盾中就可以探求出真相。

可惜這份報告未受執政黨重視，就連民進黨立委私下也擔心「核四不建會缺電」，我也一再向大家保證，別說核四了，只要有準備，核一、二、三也可以停下來。

道理很簡單，今天臺灣的火力發電占了 70%，如果把火力發電的效率提高 50%，就有 105% 的電力，這只要更新機組，不用蓋新電廠，也不用省電，當然也不會製造更多的溫室氣體。

更新機組，提高火力發電效率，是最經濟、環保、便宜、乾淨、可行的方法，臺電就是不做。

臺灣只有單一電網，哪來的北中南東

在電的生產端，不是只有發電，還有輸送電力與配送電力。發電是發電廠產生電，輸電是把電廠的電力輸送到超高壓或超超高壓電網上，再分散到各配電所的變壓器，把超高壓的電降下來，讓消費者可以用的電壓，流到一般家庭電表的 220 伏特，在家中的變電器再轉為 110 伏特，

進入我們家中各個插座。

　　臺灣的電網很小，最遠距離也只有數百公里，而且全部就只有一個電網（不算離島的單獨供電），所以沒有電網間的調度問題。但是臺電刻意把供電說成「北中南東」4 個用電區域，其實是 4 個配銷區，完全是臺電人為劃分的，所有的電還是在一起的，這和不同電網內供電，電網間相互調度完全是兩回事。（參見輸供電系統圖）

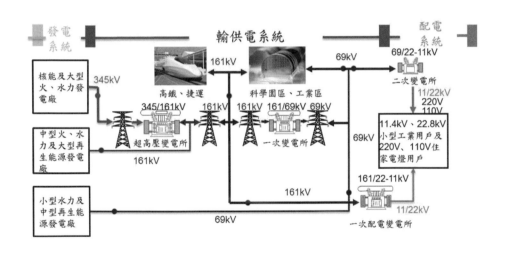

沒有核電，捷運票價漲 7 倍？

　　但是臺電的說法是北部供電是來自核一、二廠，如果核一、二廠除役，臺北就要缺電，立委蔡正元更是藉此衍生，振振有詞說如果沒有核電，臺北捷運的票價就要漲 7 倍，這完全是沒有物理概念的結果。

　　如果蔡正元的主張是真的，臺北人可要有福了，因為臺電宣布的核電成本每度只要 0.67 元，那麼臺北人用的都是核電，加上輸配電成本、利潤，每度電頂多只要 1 塊錢，這三十多年臺北人多繳那麼多電費，是

不是該還？我們每度電多繳了快 2 塊錢，蔡正元可否請臺電退回？蔡正元的理論是真的話，他當然可以據理力爭，依法為臺北人索賠，這樣雙北居民就算不幫他立長生牌位，下次他要選市長、總統都沒問題，他輔選誰，誰就能選上。

在臺電的網頁中，還把臺灣發電、供電分成北中南東四區，讓大家以為臺灣有 4 個電網，就像醫生把一個人分成頭、身、手、腳四個供血、用血區，難道我們有 4 顆心臟。

臺灣的電網是單一電網，輸配電可以分區，但是電網是連在一起的，分不開，也不能分哪裡的電。在電廠送網各變電站的電網中，流動的不是正負極的「電」，而是三相交流電網內每秒振盪 60 次的交流電電磁。

電網中交流電電磁的速度，和電一樣接近光速，每秒約 30 萬公里，以每秒 60 次振盪頻率（60Hz），在電纜中運行，每個週波長達 5000 公里，電磁的傳輸比電流的傳輸減少了電阻，這也是一百多年前特斯拉的交流電系統打敗愛迪生的直流電系統的原因。

在單一電網中，核電、水電、火電、風電、太陽光電，都是一樣的電，沒有辦法分的，是在發出的瞬間就融合在一起的。19 世紀法拉第時代就已經有定論，不論是電鰻的電，還是電池的電，或打雷閃電的電，都是一樣的電，這是能量的一種形式。

我曾在媽媽監督核電廠聯盟的公聽會中公開要求臺電說明：在單一電網中如何區隔流進各地區電表的電的來源，指著現場的插座，要求臺電證明這個插座中流的是核一、二廠來的電，當然他們無法證明，因為電是融在一起的。經濟部核四溝通小組官員乾脆缺席抗議，說我對他們人身攻擊，因為我說這是最基本的電的物理問題，如果他們認為可以欺騙馬英九，就認為臺灣人和馬英九一樣笨，那真是大錯特錯。

　　不過，許多臺灣人還真和馬英九一樣笨，就算很多反核的人，也都以為北部的電多來自核一、二廠，即使反對黨的國會議員，也還有人信以為真。這用屏東核三廠滿載發電，在5公里半徑內的南灣民宿卻停電，就可以證明核電廠發不發電，和你家有沒有電用，是兩回事。

　　臺電可以做的，可以改善的事太多了，為了核電，臺電和少數核電擁護者，可以犧牲一切，在所不惜，雖然在民主社會中，他們是少數的少數，但是他們握有權力、金錢、媒體、黨政機器、國家暴力，今天就像看到幾個流氓，夥同警察殺人放火，一般人又袖手旁觀，或是毫無知覺不聞不問。

14. 臺電正在殺死綠電

臺電發一度風力電成本是 5.6 元，向民營發電購入的成本卻僅僅只有 2.6 元。英華威總經理馬維麟表示，經濟部的風電蠆購的價格只要提到 3 元 1 度，保證大家都會投入風電。

我看了 2、3 遍《殺死比爾（Kill Bill）》上下集，這部電影由鄔瑪‧舒曼，與老牌功夫明星大衛‧卡拉定主演，用盡各種方法殺人、報仇。大概臺電也看了這部電影，臺電想盡一切的方法，殺死綠電。

早在公元 2000 年前，臺電向國營會報告，一度風力發電要 20 多元，太陽能要 50 多元，讓政府主管官員留下綠電「很貴」的印象，在當時並不太離譜，但是十多年過去了，已經事過境遷，但是臺電殺死綠電的功力更加精進。就只談風力與太陽能吧。

臺電的風機，比較容易壞？

走到核一廠外面，就會看到 6 座風機，時轉時不轉；沿著西濱南下，也會看到許多風機，有臺電的，也有民營的，但是不轉的往往都是臺電的。比較臺電和民營英華威風力發電的績效，英華威在國際上風電的滿發率名列前茅（滿發率，即一年的總發電量除以風機的功率，即為滿載發電小時數，除以一年的小時數即為滿發率）；臺電的風場也在英華威

附近，而且位置更好，一年的滿發率卻遠遠落後英華威。

臺電宣稱他們用風力發電，一度成本是4、5元，所以賠錢，但是經濟部規定向民營電廠收購電力的躉購價格，1度只有2塊6毛錢，這麼大的價差，從何而來？（參見表1）

不久前你到西濱桃園，還可以看到葉片斷裂的風機，那是臺電的。一般人很難分辨都是白白的風機是誰的，這從風機的葉片後的齒輪箱形狀就可以分辨。

臺電用的是美國奇異的風機，齒輪箱外面是有稜有角的方盒子，英華威用的是德國 ENERCON 的風機，則是蛋形的齒輪箱。

我們買個小汽車還有3年5萬公里，或5年10萬公里的保固，但是臺電買的奇異的風車一年就壞了，而且壞了就在那裡擺爛，也不修，也不賠。

這也難怪，1985年7月7日核三廠1號機汽機爆炸，也是奇異的傑作，核三廠停了1年，奇異也不賠。臺電現在宣稱核電廠一天不運轉要損失一億，怎麼不曾向奇異索賠呢？什麼事都是奇異，奇異根本是臺電的上帝，核四是奇異設計的，蓋不好，再找奇異當顧問；核二廠是奇異設計監造的，反應爐錨定螺栓斷了，也是找奇異。

和核電比起來，奇異風車發電效率低，壞了不修，一點也不奇異。臺電還把責任推給採購法，說公開招標，所以每次機型都不同。這是唬外行人，如果相同機型規格，購買量大，價格就低，自然就會得標，為什麼公開招標會有不同的機型，因為這樣審計單位無從比價，回扣拿得才多，這是每個管過採購的人都清楚的貓膩。

民營風電為何是賠錢生意

表 1.　臺電綠電發電成本

	臺電發電每度成本	向民營電廠購電每度成本	價差	説明
太陽能	20 元	約 8 元	少收 12 元	臺電向民間購買太陽能，顯然占了很大的便宜。這還沒算太陽能在尖峰時段發電，臺電自己的尖峰發電成本在每度 50 元以上，因為尖峰發電機組平時都是待機，只有用電尖峰，或大型機組如核電廠跳機才發電。
水力	1.34 元	1.5 元	多付 0.16 元	目前能源局規劃，占綠電大宗的水力電廠，竟不納入綠電中，而國際皆納入。
風力	3.22 元	2.6 元	少收 0.62 元	原來風力收購價僅 2 元，現為 2.6 元，和目前平均電價相近。
燃煤	1.87 元	2 元至 3 元	多付近 1 元	目前仍在調查究竟火力電廠一年從臺電套利了多少，市場估計在 150 億元以上。這也是造成臺電虧損的最主要原因。
天然氣	3.54 元	4 元	多付近 0.5 元	

來源：參考經濟部能源局、台電、業者 2008 年資訊。

表2. 綠電貴不貴？

綠電	2011 年發電量	2012 年購電成本（每度）	未來增加綠電開發	每度單價
水力	40 億度	1.5 元	40 億度（維持不變）	1.5 元
風力	15 億度	2.6 元	45 億度（增加 3 倍）	2.6 元
太陽能	0.4 億度	8.5 元	4 億度（增加 10 倍）	8.5 元
合計	55.4 億度	1.87 元	89 億度	2.37 元

以上二表來源：參考經濟部能源手冊，作者估計

　　臺電發一度風力電成本是 5.6 元，向民營發電購入的成本卻僅僅只有 2.6 元。英華威總經理馬維麟表示，經濟部的風電躉購的價格只要提到 3 元 1 度，保證大家都會投入風電，而現在英華威是在飢餓線下掙扎，正因為收購價格的人為操作因素，這顯示出目前的政策嚴重地扭曲了社會正義與環境正義。

　　我所知道東元電機、東和鋼鐵、中鋼都有風力發電的團隊，但是他們都只是在製造風機外銷，卻不敢投入臺灣的風力發電市場，這也非常明確的顯示，風力發電在臺灣根本是個賠錢的生意。

　　我相信英華威和臺電、能源局與經濟部結下的樑子可大了。2009 年全國能源會議，我第一次在準備會議的會場上見到英華威總經理馬維麟（我原來以為祖籍湖南的馬維麟和今上馬家有關係，後來才知道沒有任何淵源），和曾在 TVBS 當記者的副總經理王雲怡。我私下和她們談了一下，發現她們反核反得很衝，完全不像生意人。心想，這樣的人怎麼在臺灣做生意？沒想到公開發言時，她倆更衝，我則想，這兩位女士到底想不想在臺灣混了。

　　2009 年的能源會議，原來是一場「核能復興委員會成立大會」，

但在環保團體的堅持，立法委員田秋堇全程出席堅守陣地下，至少擋下了「核電是清潔能源」的預設結論，馬維麟和王雲怡的發言，也真實代表了再生能源業者的心聲，再加上德國籍董事長費弗樂大動作召開記者會，抨擊政府的打壓再生能源，揚言撤資，影響臺灣的國際觀瞻，經濟部才隱忍下來。

英華威天真的以為，能源會議後通過《再生能源發展條例》可以讓再生能源起死回生，事實上正好相反，在《再生能源發展條例》前，政府部門對再生能源的補助還可以協調、磋商，費率也可以講講價，但通過後，一切回歸「正軌」，以再生能源躉購價格審定委員會決定為準，任何民代關說、協調都沒用。而所謂「委員會」的委員都是經濟部能源局長指定的，怎麼會「便宜」再生能源？

建立公民電廠制度

臺灣現有 300 多臺風機，一半是臺電的，一半是英華威的，只有少數十多臺是其他民營業者的，我有時候真很佩服英華威能夠一路跌跌撞撞走過來。

我曾對費弗樂董事長與馬維麟總經理有過幾次深度訪談，也看過他們近 10 年來的財務報表，他們並非「財團」，而是 50 多名員工的中小企業，很辛苦的從德國銀行貸款，到臺灣發展綠電。這是德國人精明的地方，把綠電當成策略產業，自己掌握最關鍵、源頭的技術，廣泛利用第三世界國家代工，輸出技術與原材料，取得廉價的太陽能板，在風電則是整廠輸出，這樣是兩頭賺。

英華威在臺灣發展風電超過 10 年，等於是民營風電的代名詞，但是並不諳臺灣的「蹲低點」的生意哲學，經常強出頭，更不知道「民不

可與官鬥，商更不可與官鬥」的道理，臺電、能源局無不視為頭痛對象，或是眼中釘。

因為有德商和綠能的保護，英華威雖然經常被修理，但還能過下去，直到三芝反風車、苑裡反風車，居民抗爭竟然成了官方反撲綠電的藉口。

我曾對苑裡反風車的個案進行了解，雖然居民口口聲聲不反綠電，但是明顯是針對英華威的態度而來，因為英華威有公事公辦的企業文化，認為一切合法，就應該得到保障，而長期忽略了需要直接與居民對話，僅透過地方人士居中斡旋、喬大小事，再加上政府反綠電的決心因核四不能運轉而日漸增強，英華威便成了樹大招風的祭品。

我想問題在於，誰會希望錢是別人賺，而自家後院有個不停轉且咻咻叫不停的龐然大物？如果今天的風力電廠是居民投資的，只要風機一轉，轉一圈就有 6 元的收入，一小時可以有 7 千多元，風機的噪音成為財富的樂音，有誰還會抱怨風機的噪音、旋影？相信居民歡迎的意願會很強。

要化解爭議，很簡單，由居民作莊，英華威可以當包商，來建設風場，這樣錢給居民賺，英華威只要賺顧問費，彼此雙贏。

現在英華威會賠錢，是因為有太多的案子無法得到居民或地方政府同意，卡在環評、土地使用權上，如果主客易位，由居民做主，英華威作客，完全可以避開居民抗爭這個最大的不確定因素。

只是臺灣的法規不讓老百姓有發電的機會，只有臺電、財團可以，所以必須建立公民電廠的制度，讓銀行貸款給居民，讓居民用合作社或社區管委會的名義發電、賣電，讓綠電的產能得以釋放。

我只能說，臺電和經濟部發展核電很不成功，但是殺死綠電卻非常成功、高效率。

是誰在阻斷綠電？

2014 年 7 月經濟部能源局宣布實施消費者可以購買綠電，而「綠電價格」比一般電高了 1 元，能源局這樣做完全違背了國際的綠電原則，更違反了《再生能源發展條例》，說穿了，為的還是「反綠電，保核電」，延續「核電便宜、綠電昂貴」的騙局。

2011 年 11 月 24 日，總統大選前，馬英九在總統府接見「瘋綠電行動聯盟」代表時表示，政府重視綠色能源，正規畫綠色電價供民眾選擇，價格會比一般電價高一些。馬總統認同聯盟主張「寧可多花一點錢，也要用綠色能源」，但認為現階段不宜強制。馬英九預告「綠色電價會比較貴，用綠電，電費會上漲」，而事實上，綠色電價應該比我們現在的電價更便宜才對。

經濟部能源局在 2011 年 12 月 14 日、2012 年 1 月 5 日召開了兩場綠色電價說明會，並預定在 3 月執行，表面上是回應了民間要求綠色電力選擇權的回應，而實際上，則是包藏禍心，馬政府繼續執行坑殺綠電的行動，甚至顛倒再生能源發展條例，惡意的提高再生能源價格，不僅阻斷了綠色消費者的再生能源選擇權，更扼殺了臺灣產業降低碳排放的競爭力。

政府沒有任何積極的推動再生能源的作為，反而是刻意壓低再生能源收購價格，讓已投入再生能源發電的業者，變成毒資產，也成功的阻止有志想投資再生能源發展的個人、社區、企業。由於政府政策是在設置再生能源的拒馬，臺灣的再生能源、自產能源仍保持在不到 1% 的水準。

直到 2011 年 11 月 24 日，馬英九對外宣稱可以讓消費者有選擇綠電的選擇權，但是他的行政團隊竟以「綠色電價計算公式」為名，違法將再生能源電價大幅上漲，進一步成功的阻斷了再生能源的買方市場。

能源局的黑心綠電電價

臺灣經濟研究院的綠電公式初擬報告的說明會上，工業總會、商業總會、臺北市電腦公會代表對於臺灣綜合研究院提出的方案無法認同，因為研究單位根本沒有調查過臺灣用電戶的綠電需求，以及國際市場的壓力。電腦公會代表更舉證歷歷，臺灣電腦產業在各方面能省的都省了，而二氧化碳排放比日本、韓國、歐盟都高出許多，未來將會因此失去競爭力。其原因為臺灣的電力二氧化碳排放量太高，而若以核電廠減少碳排放，在福島事件後，已經不可能，政府唯有大力推動再生能源，才能減少全臺灣的碳排放量。

而能源局、臺綜院初擬方案便宜行事，簡單的將每年 8.25 億的再生能源發展基金，除以每年再生能源發電量，得出比現有電價高出 65% 到 126% 的「綠色電價附加費」，完全由要買綠電的消費者或企業支付。

能源局成功的將綠色能源貼上了「黑心價格」，不但讓產業與民生用電消費者受不了高額的電價，更違背了再生能源發展條例對「再生能源發展基金」的基本定義：收自非再生發電機組，支付鼓勵再生能源。而現在初擬方案中，綠電價格竟成了懲罰綠色消費者的罰單——你可以自由選擇綠電，但你必須支付高額的「綠色電力附加費（罰金）」，除了傻子，誰會去買綠電？

最簡單的換算，臺灣大宗綠電是風力，一度才 2.6 元，再加上 1-2 毛錢的輸配電成本好了，也不超過 3 元，如果補貼回去，臺灣的再生能源根本不該漲價，但現在竟要 5.9 元！這樣簡單的算數，主管機關和研究單位為何都不會？

我們看臺電自己用燃煤、天然氣的發電成本，分別是 1.87 元、3.54 元（表 1），而花更多錢購買民營電廠的 1.8 元至 4 元，等於是鼓勵民營火力電廠排放二氧化碳。而且民營火力電廠發多少度電，臺電就要買

多少電，等於是在套利！更何況許多民營電廠的董事長、總經理都是臺電退休人員。臺電宣稱這幾年虧損 1 千多億，累計超過 2 千億，其中有多少是被民營火力電廠套利套走的？而且還增加了臺灣的碳排放，這是損人利己的惡例。（參見表 1）

另外，臺電永安太陽能電廠發 1 度電要 20 元，而買民間太陽能，1 度電竟只有 7、8 元，等於是要民間的光電業者補貼臺電，另外臺電的風力發電成本是 3.22 元，向民間業者買風電，原來只有 2 元，現在增加到 2.6 元，這都是馬政府在打壓綠電，鼓勵更大的碳排放與各種汙染的證據。

如果把水力、風力、太陽能的發電、購電成本全部加起來，除以發電度數，每度電平均都比目前平均每度 2.6 元來得低得多，即使再加上臺電輸配電、賣電成本，也還是低於每度 2.6 元。

臺電收購綠電平均價格本來就比其他電力平均成本還低，以 2011 年為例，水力為 1.5 元（40 億度），風力為 2.6 元（15 億度），太陽能 8.5 元（4 千萬度），總共 55.4 億度，總價為 102.4 億元，平均每度僅 1.87 元。若不算 40 億度的水力，則只有 15.4 億度，每度為 2.735 元，誰說綠電比較貴？（參見表 2）

綠電應含水力發電

全世界的綠電都把水力納入（或是 2005 以前完工發電的納入，以減少新水庫、水壩開發帶來負面的環境效應），臺灣的水庫除了湖山水庫不符外，其他的水庫發電也不納入。

以臺北市的翡翠水庫為例，一天可以發百萬度的電，現在只以每度 1.5 元賣給臺電，不是賤賣市產嗎？而臺北市政府每年還要花 2 倍的錢

向臺電買電，不是凱子，是什麼？為何這不合理也不合法的事，沒有一位臺北市長或候選人提出來要改？相對的火力，無論民間燃煤、天然氣，或汽電共生，都是以高價賣電給臺電，然後低價買臺電的電，每度價差高達 1 元以上，等於是在惡性的套利。

綠電一定比火電、核電更便宜

從長期看來，綠電一定比火電、核電更便宜。像最貴的太陽能，每年價格都劇烈下跌，現在接近天然氣了，但如果把時間電價的概念拿進來看，臺電自己在每天上午 11 點至下午 4 點尖峰期間每度電的發電成本就超過 50 元，以前經濟部長黃營杉就說過，尖峰的電由太陽能補，太陽能其實很便宜，現在當然更便宜，更可以節約成本。

臺電口口聲聲說賠錢，要求漲電價，而賠錢的董事長卻像坐在蓮花座一樣安穩，其實臺電在沒有釐清賠錢的原因前，根本沒有資格漲電價，如果臺電去除民營電廠的套利，好好做電力調度管理、時間電價，其實臺電沒有漲電價的理由。

能源局與臺綜院機關算盡，就是要扼止再生能源的供應面與消費面，徹底摧毀再生能源市場，而馬政府忙於選舉，坐視官僚胡作非為，還有完全沒有學術良心的研究單位配合，臺灣的再生能源前途黯淡，這只是無能政府諸多劣跡的一斑罷了。

15.　臺灣人民電力公司

遍布臺灣的各地的輸配電網，才是臺電最大的資產，一旦電力與電信合併，這些資產的產值倍增，這絕對應該是全民的財產，才是全民之福，如果利用修改《電業法》的機會，讓電網成為臺電的禁臠，或是以民營化、自由化之名，成為財團的私有財，或是以「財團法人」之名，走向私有化，都不應該允許。

「**你**知道臺電主管會議中最常聽到的三個字是哪三個字？」

「不是三字經吧！？」

「當然不是，是『你不懂』。」

因臺電各部門都自認非常專業，從上到下都是很專業，所以分成十多個副總，分管不同的事務，還有「專業總工程師」，這樣專業組織中，「你不懂」是彼此問候的口頭禪。

我們被專業所洗腦，不敢用常識判斷，老師教我們要當「專業人士」，才能出人頭地；本身就是博士的部長閣員，也告訴大家要「相信專業」。

臺電帝國的形成，就是他們的發電專業，其實就是臺電「專業壟斷電業」，才形成了「專業」，所以他們內部的「你不懂」，更是專業的

堡壘，內外一致的維護他們所壟斷的電業。

　　保護臺電專業的，就是《電業法》，這法律當年是保護蔣家的一些利益而存在的，包括蔣孝文就任職臺電，供應能源採購，就像當年的軍購，都是蔣家親族的專利；核電更是蔣家為了保命，自製核子彈的寶貝，蔣家的餘蔭造就了臺電王國，所以電力的威權仍在蔣家走入歷史後陰魂不散。

　　如果我們放下「專業」的有色眼鏡，回到生活中的「常識」，來看這個世界，就會看到國王並沒有穿衣服。

《電業法》是保障臺電的護身符

　　近年在立法院年年都說要修《電業法》，但年年修不成，因為臺電工會太給力，每年又有數十億元的「敦親睦鄰金」，哪個立委不要申請一些來作選民服務？朝野立委有誰不看臺電、臺電工會的臉色，臺電工會理事長都可以當上國民黨的中常委，還有什麼不可能的？

　　《電業法》是保障臺電的護身符，因此臺電可以把發電、輸電、配電這三項業務集於一身，所以臺電可以成為「臺電帝國」。今天即使在中國這樣中央集權的國家，電業也分成好幾家，發電各省區有各自的發電廠，輸電有三大電網，配電賣電又是地方政府下轄的收費站的事，太厲害的太子黨也只能在某個區塊的發、輸、配電中分一杯羹。

　　最近臺電工會也在推動修《電業法》，他們的主張看起來開放，事實上是把電業利益綁得更緊，擴大了自身的利益，其中把核廢料和後端營運基金這批最大的「毒資產」打包，丟出去，立法成立「後端營運基金」，就和臺電的財務脫鉤，未來好學中華電信，走向民營化。

　　依臺電的說法，他們主張的是「電業自由化」，不是「電業民營

化」，在 2000 年以前李登輝執政期間，許多政治金主垂涎能源產業，過去臺電等同於蔣氏家族的禁臠，沒人敢碰，但鬧了一陣後，油、電、糖這些重資產國營事業不動如山，反而是中華電信等先民營化。

現在臺電工會非常羨慕中華電信工會，大家不但分了股權，電信資費也自由化。但中華電信掌握全臺固網，穩坐龍頭，電信業實際上是聯合壟斷，臺灣費率在世界上是性價比極低的，但是立法院不能管民營公司中華電信的費率，所以中華電信即便產值不如臺電、中油，但是每個員工分到的利益卻遠大於油電。

因為當年反對過民營化，現在不好出爾反爾，改名為「自由化」，但是現在臺電主張的《電業法》繼續延續「綜合電業」只能一家的「祖宗家法」，這是哪門子的「自由化」？臺電主張的「自由化」是讓自己有更大的自由度，而人民的自由度永遠在臺電之下。

臺電工會版的《電業法》還打算把「電力調度中心」變成財團法人，這是我看到比核電廠爆炸更可怕的事。因為電力調度中心是全臺灣電力分配的核心，等於是臺灣心臟的節律點，調整電力輸配，這一點如果不能嚴密控制、公開透明操作，未來將成為全臺灣的心腹大患。

如我主張的電力、電信合一，那麼電力調度中心不只是心臟的節律點，它也會是電信的樞紐，相當於人的延腦「生命中樞」的地位，也是「臺灣雲」的中樞，這裡同時掌控了能源與資訊的雙核心。它比國防部更重要，怎麼可以外包成一個官不官、民不民的「財團法人」？我想，財團法人綠色消費者基金會都比目前的任何財團法人更合適，全體董監事都不會反對「對號入座」。

電力電信雙電合一，托拉斯的未來？

　　2013年年底，臺電取得國家通訊傳播委員會（NCC）的電信業許可，這也意味著臺電從電力跨足電信的一步已經邁開了，未來臺電很有可能可以主導雙電合一，因為臺電手中掌握最大的資產不是電廠，而是無所不在的電網。

　　在經濟部能源局的《電業法》修正案中規定電網和發電業應為不同法人，並不得交叉持股，這也是所有國家都施行的廠網分離政策，因為電網有支配電廠發電的權力，可以決定每個當下由誰發電，誰不發電，這樣發電業者等的咽喉就被電網給掐死了。但臺電工會的版本極力主張只有一家「綜合電業」，也就是可以集發、輸、配電於一身，獨攬大權，不容外家分享。

　　臺電過去百年都是以發電為最優先，主管都標榜自己蓋了多少電廠、發了多少電，獨尊發電。二戰前後發電以水力為主，之後火力稱霸，今天在臺電與經濟部聯手作假帳，造成「核電最便宜」的假象，近40年來以核電為尊，發電少得可憐的水力是明日黃花，火力是溫室氣體的元凶，而再生能源只是寄養在核電廠下的小媳婦。

　　這幾年來，因為臺電購買燃料的金額超過電廠建設，所以採購、燃料部門當道，像前任董事長陳貴明，清大核工畢業後，沒有太多在電廠的經歷，進入燃料處一路升到總經理、董事長，也是個異數，但在他近10年的主政期間，採購的權力高漲，舉足輕重。

　　這是嚴重的資源錯置的結果。電力或電信都是消費者即時訂單的產業，應該是越接近消費者越好，而電廠與採購都是距離消費者最遠的，由他們主政下的臺電，不可能以消費者的需求為優先考量，而是以如何買燃料、如何發電優先，這也是臺灣電力最糟的心態。

　　發電方面，因為李登輝的主導，開放了一小部分民營，讓財團進入發電，包括臺塑、長生、遠東、臺泥等都進入了發電業，但是後來非臺

電系統，或本身沒有技術的財團所經營電廠紛紛經營不善轉賣，現在民營火力電廠的董事長、總經理還是臺電退休肥貓的俱樂部，和臺電內神通外鬼，以高價賣電給臺電套利；那些打著環保旗幟的汽電共生，更是超量發電 100% 以上，套利再套利，如果依環評法來看，超過設計量體 50% 就要重做環評，原環評無效來看，這些汽電共生廠全部環評失效。

發電只是工廠，輸配電在現在的通路時代，才是王道；以道路交通來比喻，工廠的原料、產品，必須通過道路與物流來運輸、配送、販賣，才有價值，否則則是沒用的庫存，甚至成為負資產、毒資產。

電業和其他製造業不同，沒有庫存。在正常的經濟體中，是消費者要買什麼電，發什麼電的工廠就發出來，透過電網供給消費者，雖然什麼電都是一樣的，但在訂單趨動的機制下，電業可以即時供應各種的電給各種不同需求的消費者。

選擇用什麼電是人民的自由

如果我想吃池上產的米，臺東池上的農人生產米，送到碾米廠，碾米廠送賣給中、大盤商，再透過銷售的中、小盤商賣給我，也可能是賣給餐廳，餐廳煮好飯，賣給我。

電也是如此，如果我想用屏東林邊養水種電的電，電就在陽光下發出，經過逆變器轉成交流電，經過變壓器升壓，透過饋線進入電網，電網再加壓，進入全國的超超高壓電網，送到臺北，再降壓，到臺電北北區處，再到我家附近的變電所降壓、再降壓到 220 伏特，進入電表，再降壓為 110 伏特的家用電，我在臺北的家中的電腦就有電可以寫這篇稿子。

想吃池上米和用屏東林邊養水種電的電，完全是一樣的道理，一樣

的流程，只是形式不同，因為電看不見，摸到會被電死，所以就比米「專業」？

錯了，我們可以很簡單從網路上找出來各種發電的所有設備、機制，人人只要有資源都可以複製；但是我們到今天還不是很清楚到底葉綠素如何把光能加水和二氧化碳轉成葡萄糖，再變成植物、長出稻子。池上的稻農在科學上比臺電更專業，因為他們可以掌握今天科技還沒辦法掌握的技術。

從歷史來看，電機的發明到應用不過一百多年的歷史，而種稻則是經過數千年的歷史所積累的能力，有更深刻的文化、傳承的底蘊，光是看農曆，就要嘆為觀止了。

臺電則是由他們決定發什麼電，全部由消費者買單，愛發什麼電，就發什麼電，所以把大量的汙染電、核災電、溫室效應電賣給所有臺灣人，臺灣人則無條件接收，甚至還不認為自己有決定用什麼電的權利，更慘的，在政府與臺電的洗腦下，還以為核電便宜。

我們會去拒絕購買、食用被鎘汙染的米，我們當然也可以拒絕購買、使用被核汙染的電。鎘汙染的土地要休耕，核汙染的土地還要使用，沒有道理。

我可以決定我想買什麼電

民主國家的電網，是由消費者決定買什麼電，就送什麼電，就像消費者想吃池上米，就買池上米一樣，這沒什麼好講的。但是在臺灣，這麼簡單的事就是辦不到。

因為電網控制在臺電手中，臺電被一群核電利慾薰心的人把持，所以它只賣他想賣核電給你，強迫我們必須接受核災、核廢的毒害。

好比這麼說，如果全臺灣只有一家 24 小時連鎖店，7 ／ 24，你只能買到他家的布丁，而你非吃布丁不可，也只有他家生產布丁，你認為布丁是正常的雞蛋和牛奶組成的，營養足夠，但他家的布丁只有化學物添加調製出來的「雞蛋牛奶口味布丁」，而不是你想要的純天然原料布丁，你只能向他買，而且沒別的食物可以選擇。

7 ／ 24 就是臺電的經營方式，一週 7 天，24 小時不停的把核電賣給你，你還不能不要。

未來的電網應該是「國家電網」，不必分輸送什麼電，電就是電。就像馬路是國有的，只要是合格的車輛與行人都可以依序使用。各地直接面對消費者的是營業點，消費者可以到營業點買什麼電，由電網 24 小時不間斷輸送到用戶，確保在契約用量內的電源源送到，一年不能停 3 次，每次不能超過 3 分鐘，否則賣電的就要賠錢給消費者，因為在契約中保障的是消費者不間斷的用電權利，不論是電廠、電網、配電出了問題，都是要由賣電的負責賠償，再由賣電的向電廠或電網索賠。

當我把這段概念講給許多人聽，大家的眼睛都瞪得大大的，好像我在說夢話，但事實上歐洲、美國都已經這樣賣電了，可憐的臺灣人卻聽都沒聽過。臺電的某些「專業人士」，也曾指我說的是「異端」，沒見過駱駝，還硬說是馬背腫，還好有其他的「更專業人士」證實我說的是真的，他們才悻悻然閉嘴。

萬事萬物都有一定簡單可循的「道理」，「道法自然」是最好的法則，而人為的干涉、扭曲，讓簡單的道理被「專業的騙局」所蒙蔽，這種專業是障眼法，魔術師的專業，現在在電業中，這些魔術師被揭穿後卻不願承認。

電機學之父法拉第就說自己是「自然哲學者」（nature philosopher），因為他的發現與發明都是來自對自然的觀察，他把這些

工作都歸給上帝，這是他的信仰。

　　要識破臺電的把戲，一定要回歸到基本面來看，而不是聽從臺電的片面之詞，臺電網站上的新聞稿，可說是臺灣電業的「騙術大觀」，他們把片面、不完整的資訊提供給媒體、大眾，以及政府主管官員，包括總統、行政院長，讓大家跟著錯下去。

　　未來，你應該要可以去便利店繳電費，相當於去買電，只是我們可以事先決定要買什麼電，買多少電，甚至可以決定什麼時候用多少電，契約的電力賣回給臺電。如果你有網路，這一切在手機上、電腦上也都可以完成。

不同來源的電，如何訂價

　　有人會問，不同的電、不同的電廠發的電，如何算價錢？

　　首先要先把「成本」、「價格」區分清楚，臺電或是中華經濟研究院董事長梁啟源（雖然號稱為臺灣重要的能源經濟學者）所說的電力成本，與電力價格，都是極為偏頗的。因為他們根本有意把成本和價格混淆，像他們所堅稱的核電成本低，電費才會便宜，再生能源成本很高，電價會變貴，使民生產業凋敝，其實全不是那麼回事兒。

　　我有一套最笨，但是也最簡單的道理，可以來算電力成本。電是由每個電廠的每個機組發出來的，這是可以分得一清二楚的，沒有任何模糊的地方；每部機組用多少燃料，發多少電，也是可以計算出來的。每部機組當初投資建廠，都有預算，買多少燃料、多少維護、多少人事費用、決定每年要發多少電，分攤下來，就是每部機組每度電的成本。

　　立法委員田秋堇曾索取這些資料，這些直接成本和預算所編列的大不相符，因為電廠太多了，很多機組一年發電機會有限，發的電少，但

隨時待機，只在用電最高峰的幾小時、或核電跳機時才派上用場，每度的成本就變得非常高。

這是因為臺電讓攤提完畢，殘值幾乎是零的核電廠拚命發電，創造出臺灣核電全世界最便宜的假帳，全世界的核電成本都要 3 塊多臺幣一度，臺灣只要 6 毛 7 分，還包括 1 毛 7 分的後端營運，這是國際的四分之一、五分之一的成本。從食品安全案例就可以發現，任何不合理的便宜，都有古怪。同理，若臺電這麼厲害，乾脆去造飛機、汽車、武器，我們就可以買到全世界最便宜的飛機。

這麼明顯的騙局已經騙了臺灣人幾十年了，還有人信，媒體拚命報導，官員、學者經常引述，臺灣人當然集體腦殘。

如果我們再仔細算下去，看火力電廠用多少煤，發多少電，會發現更有趣的問題。

火力發電為何不用先進機組

在世界對火力發電機組發出大量溫室氣體，和重金屬汞、世紀之毒戴奧辛的譴責下，火力電廠近年不斷的演進，所以發展出能源效率高達 50-60% 的火力機組，包括天然氣、燃煤的「超超臨界」發電機，這代表比原來的發電量提高了一倍，使用的燃料可以發出 2 倍的電，汙染也會降低一半。

臺灣只要把火力電廠都換成超臨界或超超臨界的機組，就能立即增加 100% 的發電量，或是只要用一半的機組，就能保持同樣的發電量，不就輕易達成節能減碳 50% 的目標了。但是臺電不這麼做，主要的原因是臺電長期購買的煤品太差，煤品供應商都是前朝歷代的皇親國戚，煤品太差，熱值不夠，不可能完全燃燒，達到超超臨界的要求。

　　一位前輩曾去看過臺電購買進口的煤，裡面什麼都有，他說：「臺電燒煤的電廠，更像是國際垃圾焚化爐吧！」沒想到我們的電是國外垃圾回收回來的產物，我笑稱，這樣應該算是「綠電」吧？

　　如果，臺灣是一個正常的國家、政府，甚至是一個私人公司，財務監督的單位可以很輕易的把這些成本問題抓出來，像我這樣的財務外行人，都能看出苗頭，為什麼政府單位看不出來呢？

　　因為「專業」，臺電說了算，只要用「發電是個特殊產業」，就把一堆想管的人都擋住了。電就是電，成本會計就是成本會計，原理都是一樣的，和一般工廠沒什麼不同，成本來自進、銷、存，電力產品沒有存貨，只有原料庫存，還更容易，怎麼不一樣？

　　問題在於臺灣的所謂「五權憲法」，讓立法院管預算，決算則在監察院審計部，帳永遠查不清，當然是混帳。甭說電業那麼「專業」的事，就連一般行政的預算、決算也都花差花差，這比貪污可怕多了，但是這套「憲法」行使了 70 年，我們還要抱殘守缺多久？

　　發電成本還算清楚，輸電成本則更「專業」，更是臺電說了算。我常說香港「六叔」最大，是邵氏集團的總裁邵逸夫，臺灣不只有「六叔」，還有「七叔」，將來還有「八叔」，他們最大。

「六叔、七叔」，讓臺灣輸很大

　　如果你嫌核四敗家 3 千億，沒發一度電，覺得核電傷天害理莫過如此，那是你還沒看到「六叔」、「七叔」，這是我對臺電的第六、第七輸配電工程計畫的「暱稱」。

　　六輸計畫總預算 4700 億，從 2001 年 7 月開始，到 2009 年 12 月 31 日結束，工程洋洋灑灑。六輸計畫剛結束，2010 年 1 月 25 日經建會

又通過了 2389 億元的第七輸配電計畫，因為「六輸」花了錢，效果不好。

這兩位「大叔」總共輸了 7 千多億元，比起拖延 30 年的核四老大哥的 2883 億元還厲害。看到六輸成果報告，盡是一些空洞的形容詞，什麼改善、穩定、品質、可靠度、美化市容。其中最重要的關鍵績效指標，應該是臺電系統線路損失率，就是在輸電中所丟失的電，在 2001 年開始時，目標值是 2.99%，實際值是 2.76%，實際損失的比目標低 0.2%，但到了 2009 年計畫完成，目標是 2.45%，實際是 2.65%，還比目標值高了 0.2%。

別小看電力系統一年的 0.2%，這相當是 8 億多度的電，電費超過 20 億，這等於宣告六輸失敗，才有七輸。

七輸的預算少一些，但是在 2013 年立法院的預算中，臺電已經預告七輸的效益一定是負值，因為七輸要負擔許多工業區大量用電的線路，以及為了穩定這些大用電工業用電戶，必須多增設多重迴路，而臺電又無法向這些工業用戶回收建設投資，所以注定賠錢。

臺電在補貼工業用電，不僅用高民生電價補低工業電價，工業電價的時間電價，往往低於發電成本，全是拿民生、商業用電來補，就連動輒數千億的輸配電工程預算，也是來補貼工業用電的管線成本。

六輸計畫至今 15 年，我們有感受到電力更穩定了嗎？停電的機會有大幅減少，或是更好的電力品質？六、七輸真的讓臺灣輸很大。

臺電一天平均停電上萬次，一年 3、4 百萬次，而曾任臺電董事的梁啟源老是拿德國停電 20 萬次，電價上漲，來說這是德國廢核後的苦果，馬英九也引述，結果被德國駐臺副代表古茂和當場更正。德國廢核非但未使德國經濟衰退，更帶動德國經濟轉型升級。所以我們還要指望臺電替我們把關最重要的能源政策嗎？

16. 從天龍國的都市規劃談起

現在立法院在修《電業法》、《再生能源發展條利》，我認
為這兩個法都該廢掉，改為《人民獨立權力法》，確立人民
開發、使用電力與電信的獨立權力，不受政府干涉的權力。

我相信，人民要有獨立的精神，國家才能富強，像美國、德國、法國、荷蘭、加拿大，以至魁北克，人民都有非常獨立的精神，不是等著政府要做什麼才聽命或配合去做，而是人民一起決定做什麼，或是在不妨害其他人的權益下，自己決定做什麼。

自幼教育學校就說「學生要有獨立思考的能力」，但是當「獨立」變成政府圖騰，或是禁忌時，「獨立」就不再獨立了，而成為政治陣營相互攻訐的擂台，以至中國文攻武嚇的藉口。近年，好像很久沒聽到「獨立思考」這 4 個字了。

不論臺灣的政治前途如何，如果人民沒有獨立思考的精神、能力，永遠只是次等人民。根本不配成為公民。

人民要走出法老王的統治，自立發電是必要的，有水就有電，有電

就有水，當每個人、每戶人家都「自備水電」，甚至有自己的電信網絡時，政府、國家的制約力就相對受限了。

現在立法院在修《電業法》、《再生能源發展條利》，我認為這兩個法都該廢掉，改為《人民獨立權力法》，確立人民開發、使用電力與電信的獨立權力，不受政府干涉的權力。

當然這個法不是由今天喧囂的立法院來立法，更不是由無能貪婪的政府來做，而是透過公民創制方式實行，甚至是直接修憲、制憲，重新以現在的能源與資訊角度審視人民、土地、主權的關係。因為現在最進步的憲法，都是在網際網路之前的原子時代發明的，現在已經是位元時代，這些笨重的原子時代必須與位元時代結合。

新的革命，更是必要的革命，不是造槍炮武力，而是每個人都可以參與、貢獻、創造、改變的網路，這網路不只是電力，也是電信的網路。這網路平台，是由人民共建、共有、共享、共治的。

網際網路還是要靠電力支撐，這也難怪網際巨擘谷歌會跨入電力產業，除了要購買綠電、興建綠能電廠，更涉入電網事業，不過從目前新聞看來，谷歌只是用電，還沒有進入電力網與電信合併的事，因為這牽涉更大的產業調整，即使這個網路巨人，也無法搬動這麼大的石頭，原來的電力、電信產業無論產值，社會政治影響力遠超過谷歌，特別是電力產業後面的勢力更是盤根錯結，比納斯達克的公司大得多了，後面的金融鉅子在能源產業上已經賺得滿坑滿谷，幾乎不可能容許年輕的創業者挑戰他們數百年的家族式的經營基業。

公用事業帳單一定要立即、一目了然

另外，我想提出的是帳單的問題。

今天所有的公用事業的帳單都只有分項價格和總價，而細部的價格計算都不見了。像電信費率非常複雜，各種繁複的計算方式，看來雷同的名目，我們根本無從分辨比較，這是低級的障眼法，如果沒有計算公式、使用紀錄，那麼總數是怎麼出來的，如何算出總價？你要查詢，他們就用你的「個人資料」名義擋住你去查核，而電信業者則可以肆無忌憚的「合理使用」你的個資。你會接到許多口音奇怪，莫名其妙的詐騙電話，他們是電信公司的大顧客，如果不是詐騙集團和電信公司串謀，怎麼可能查不到那些發話人的地點？

因為所有的電信公司都要相互拆帳，不論有線或無線，任何電話都會留下內碼，作為電信公司間拆帳的依據，即使 Caller ID 來電顯示的資訊被隱藏或竄改，但是深層的代碼仍然留在電信的電腦紀錄內，作為電信公司相互拆帳的憑證。詐騙集團都是打出非常大量的電話，可能百投中一，到處搜尋獵物，所以他們的電信流量非常大，就算使用網路的 IP 電話，也同樣會留下 IP，電信公司的內碼也能夠查緝到發話的地點。

現在的電信網路世界，早已沒有秘密，凡走過必留下電子指紋，只要一沾上，就無所逃於天地之間。

就連最新上路的遠通 ETC 也是如此。你永遠不能立即知道你的儲值卡中還有多少錢，要熟悉電腦或手機的軟體，才有機會查到應繳多少費用，至於你從哪裡上、哪裡下高速公路，免談。

從高速公路電子收費（ETC）民營化，就說明遠東集團遠通公司以非法不正當的手段得標，賄賂政府官員、審查委員（大學教授），取得經營權，後將本圖利，規畫不當，造成極大的社會不正義，當然更不會妥善安置弱勢的高速公路收費員，所有人都在遠通的高速公路收費的監控下，根本沒有隱私。

我們會笨到相信遠東集團這樣的無良無德商人，會保護我們的個人

資料嗎？

　　更荒謬的，我想知道我到底經過哪些路段，該繳多少錢，要知道詳細、完整的帳單，遠通則以「保障隱私權」之名，要我透過繁複的申請手續，才能查到，以我對電腦、網路的熟悉度高於一般人，都無法取得，更何況普通大眾，就這樣不明不白被遠通收錢。

　　更可怕的，是遠東集團還有百貨、超市、銀行、通訊產業，光是我安裝 ETC 後，就收到一堆遠傳電訊、遠東銀行傳來的推銷簡訊，這是我安裝 ETC 前從未有的事，我合理懷疑這是遠東透過遠通 ETC 所取得的個人資料的「合理使用」。

ETC 把對的事做錯

　　高速公路計程收費，使用者付費，採取電子收費都是對的事，因為高速公路提供用路人快速的通行，在時速 90 至 120 間穩定速度行駛，對於車輛機械耗損、油耗都是最好的，原來的人工收費，既不方便，也不環保，更不人道。

　　過去每當我們過一個收費站，就要減速，停下來繳費，或購買回數票，再加速，排放出大量的廢氣，也非常耗油，而且常在收費站堵車，增加莫大的浪費、汙染，我曾算過，每過一個收費站，一輛車大約會比定速 100 公里多花 100-200cc 的油，一趟高速公路下來，過 10 個收費站，就是 1-2 公升的油，相當多了 1 至 2 個收費站的錢；如果再加上堵車，就更不只了。

　　臺灣是一個封閉的高速公路系統，要採取電子收費，非常容易，以 21 世紀最普遍的，就是用 RFID（Radio Frequency Identification，無線電頻率識別系統）只要一條金屬就可以接收、反射信號，也就像目前的

ETC 貼紙一樣。

但是經過不正義、不合法的招標過程，遠通一開始就用錯的系統，而且一路錯，臺灣的高速公路只能用「怨聲載道」來形容，這就是源自於整個程序不透明不公開，讓不肖官員與財團上下其手，製造出臺灣解嚴後最惡劣的公用事業的錯誤典範。

遠通是遠東集團的子公司，遠東集團董事長徐旭東長袖善舞，承攬了許多特許行業，像火力電廠、水泥廠，近年他在太平洋百貨案、ETC案中讓人民領教到財團與政府勾結的可怕與可惡。ETC 原本是一件好事，但現在變成一個無底的黑洞。這讓我想到，臺灣未來如果電力事業民營化，再加上電力與電信合流，如果沒有一套完善的公開透明、公平正義的機制，則會比 ETC 更可怕千萬倍，臺灣人民將永世不得翻身。

ETC 和電話公司都不提供我們即時、詳細的帳單與明朗的會計，這讓消費者無從對帳，所有的弊端油然而生。

低 IQ 時代？

臺灣人目前看不到自己的前途，而前途近在眼前，大前研一在 2009 年 1 月出版《低 IQ 時代》（日文為《知の衰退》）中，批評年輕人不會注意 3 公尺以外的事物；而在我看來，如果我們只注意 3 公尺內的事，臺灣就可以創造出一番不同的前景與未來。

大前研一因為是 70 年代的核工工程師，沒有看到核能以外的事務，低 IQ 地以為核電是未來日本產業振興的契機。2 年後的 311 地震，福島核災，造成的日本第三次核災（前兩次是長崎、廣島原子彈爆炸），這代表 IQ 高低不重要，老的技術與知識必須更新，否則即使聰明如大前研一，也會犯致命的錯誤。

　　年輕人從小就用手機，現在的智慧型手機就是最好的模版，如何用細小的 USB 連接線，可以為手機充電，又可以傳輸資訊，不久的世界所有的電器，甚至汽車都會「手機化」，直接用直流電充電，而且可以用各種應用程式控制這些裝置、工具。現在國際 USB 聯盟推出 100 瓦的大功率 USB，就可以供目前絕大多數的筆記型電腦、桌上電腦使用，而且 USB 即網路線，電腦就可以靠別 RJ-45 這條常見的數據線，就像 RJ-45 在 10 年前取代了電話線上網插孔，現在的電腦幾乎都沒有電話線連接孔，即使有，也沒人用，除非是非要用電腦來發傳真或打電話。

　　手機、電腦再放大一些，就是電視、音響了，現在有數位機頂盒，就可以把手機或 iPad 的畫面轉上電視，當然如果電視本身配備這些功能，也沒有問題，中國有許多廠牌的 Android 電視，比蘋果的 iTV 發展更快，而且可以看上千個頻道，又可以打網路電話，只可惜中國的綠壩把許多視頻都屏蔽在外，如 YouTube, Facebook 等社交網站，也把臺灣、國際很多的購物網站都阻絕在外。

　　如果電視可以像手機一樣，直接從牆上的 USB 插座取得電力和資訊數據，又具備 Wifi 能力，那麼就只要一條線就夠了，不需要那麼多電線，老花眼的人就不需要眯著眼，或換眼鏡來看手機了，當然電視也可以有 IP 位置，當成網路電話來用。電視也可以和手機一樣當成家中所有電器的遙控器，可以控制燈光，監控電源、保全系統，都是輕而易舉的。

　　其實音響設備只要有數位解碼器、擴大器和揚聲器就夠了，把來自於網路、電台、CD、DVD、藍光的數位的音源輸入這些音響設備，就能清晰的傳出高品質的數位音響。

　　我曾在民生報擔任過一段很短時間的視聽版編輯，認識一些發燒友，在 1980 年代 CD 剛問市時，許多發燒友很抗拒，最大的原因是 CD 的聲音是數位發出來的，所以不像傳統類比的那麼連續，的確，由好的

音響與試聽間來聽，我也可以聽出差異，這是因為當年的數位解碼技術還很原始；後來發燒友又抱怨 CD 的聲音太乾淨，沒有唱針刮黑膠唱片的「質感」，這就像印刷、原子筆的字沒有毛筆字的質感一樣，這是興趣喜好。

交通規則與都市規劃

最後我想反映的是交通問題。臺灣法律多如牛毛，有一個一致的規則，就是保護公務員，把過錯推給人民。

以我們接觸到最多的，就是《道路交通管理處罰條例》，只要一出門，就在這法律的淫威之下，透不過氣來。我們的交通秩序，難道是靠處罰來管理的，只要管好處罰，交通就會順暢？

交通是由道路（都市計劃、道路施工、養護）、交通規則（號誌、法規）、用路人（車輛、行人），和交通執法人員所構成的，所以要維持交通，必須人盡其才，物盡其用，才能貨暢其流，地盡其利。

交通好不好，首先要看都市規劃合不合理，如果把所有的交通都聚在一起，美其名為「樞紐」，其實是死結。北京的西直門交通樞紐的規劃人員，曾因設計出了問題，最終自殺的悲劇，而臺北的「轉運站」，運轉好了嗎？但是附近交通老是打結，卻是明顯且可預見的事實。

一位新加坡的都市計劃專家就曾說過，高架是高速公路的長途運輸之用，不干擾市區交通，但市區建造高架橋，是最壞的解決交通堵塞的方法，因為解決一個地方的瓶頸後，卻造成了上下高架橋的瓶頸，在高架橋上堵車，更無法疏散，所以新加坡曾把造好的高架橋拆了，讓交通恢復順暢。

而臺灣或中國官員，想法落後，仍在拚命蓋高架，結果就是堵車，

可想而知。在中國近年有城市就有高架，北京有一到六環，上海有中環、內環、外環，有高架就有堵車，這已經是必然的公式。

前些年中國總理溫家寶，強調「以人為本」，結果是大車讓小車，小車讓自行車，自行車要讓行人，誰大就讓誰小。

在臺灣，也差不多，卻沒有人主張「用路權」，因為用路權是交通管理中最重要的條件，大家必須了解自己和別人的用路權，誰的路權優先，就有優先通過的權利，沒有路權的，就不應該出現，若發生事故，要負完全責任。所以上下坡時，上坡車路權較大（若下坡車在平面，則上坡車優先），右轉比左轉更有路權，右側車比左側車的路權優先。

紅綠燈迷思

大多數紅燈應該是可以右轉的，可以減少堵車，除非是行人眾多的交通要道，只要確保直行車與直行過馬路行人的優先路權下，是可以紅燈右轉，但在臺灣紅燈一律不準右轉，這使綠燈時，右轉車更轉不過去，因為會撞到直行的行人。

同樣的，在高速公路上，堵車最大的問題是內側車道的路權是超車的車，不超車的車就不該在內側道，但是臺灣的內側車道是「新手優先」，造成無數的內側車道兩車龜速並排行車，我統計過，在高速公路上，我若維持110公里，有80%的機會要從外側車道超過內側車道的車。用路人對應該落實的交通規則，往往是參考用；交警和交通部，也不會積極宣導。

至於交通號誌，臺北市更奇怪，好像大家都停下來，就不會出車禍，各里里長以「裝設紅綠燈」，作為「選民服務」的業績，在政績發表上，以爭取多少個紅綠燈為榮。像我住臺北天母，中山北路七段每隔幾公尺

就有路口，有路口就有紅綠燈，而且紅燈時間超長，即使支道無車，你也要等上 60 秒的紅燈。

在美國用 Stop Sign，八角形的大標誌，中間有一個大大的 STOP，任何人看到，都應先完全停車，再起步，如果不完全停車，視同闖紅燈，這是許多臺灣人去美國開車時要上的第一課。在臺灣也有這種停車再行的標誌，但是非常小，小到你會忽略，而且沒人理會，所以里長要更多的「小型工程配合款」來服務里民，也造成里民進出的困擾，好像也沒人在意。

我曾粗略統計臺北市的公共汽車各路線，有如一團扭在一起的線，幾乎沒有直線，繞來繞去，公車總是大左轉，或右轉，因此經常發生車禍，我看許多駕駛人也非常緊張，或是脾氣變得不好，在這麼緊張的工作環境下，更容易疲勞，更增加出事的機會，而這些也沒人管。

公車專用道和路平專案

臺北市有幾條幹線公車，有非常寬的公車專用道，但是因為其他公車要轉彎，就要進出專用道，一方面造成公車專用道上空無一車，而旁邊的車道常被轉進轉出的車堵得老長，也常看到車禍，這在臺北仁愛路、信義路最常見。

至於駕駛人的執照，根本不能證明這個人可以開車，只是防止「無照駕駛」的護身符，考駕照就像臺灣所有的政府辦的考試一樣，無法測試人的品質、能力，只是個儀式。

主考駕照的監理所也管車輛的驗車，我好好的車驗不過，非找黃牛就一次通過。路上常看到拋錨車，政府根本沒有管好車輛平時的維修，也沒有做好道路保養，常常破胎，傷氣傷財，造成堵車的社會成本。

　　臺北市的「路平專案」更是讓我刻骨銘心，原本地下管溝和道路、路燈、號誌應該是一體的，但在各自為政的情況下，一條馬路少則十多個單位可以挖路，多則數十個單位，若加上房地產開發，則更是族繁不及備載了。「路平專案」，就是人人愛怎麼挖就怎麼挖的代名詞，花錢不說，又是一大筆錢，更可恨的，是路平專案補完後短則當天，長則一星期，保證又有人來挖。

　　臺北市忠誠路從中山北路五段到天母東路，不到 3 公里的路，可以挖出近 2 千個坑洞，比八二三炮戰下的金門有過之無不即。

　　都市計劃、道路交通規劃、交通號誌、交通管理、交通監理，全都是政府的責任，這也是交通系統性問題的根源，這些才是交通沈痾所在，但是做壞的公務員可以榮退領 18 趴，還制度性的設計許多違規陷阱、拍照取締，在空無一人的大馬路上超速一點，就罰你 3 千元，而超速蛇行、龜速並行的龜蛇兩將軍造成危害與堵塞，卻難得取締。

　　這完全是沒有人性的公務員共同的傑作！不過和臺北市的「微笑單車（YouBike）」成為臺北市長郝龍斌沾沾自喜的政績比起來，還不算太荒謬。

YouBike，是好事嗎？

　　臺灣的自行車運動很發達，在 1980 年代自行車有路權，還有牌照，後來社會「進步」有了摩托車、汽車，就不管自行車，於是自行車既無牌照，也沒有路權，這是整個系統中最大的問題，我曾在 2009 年的全國能源會議中主張自行車路權，以解決城市交通，但與會的交通部路政司官員私下拜託我別說了，我當然不管，但說了也沒有用，因為不論官方或民間，都不在意，官方怕人民的自行車有了路權，會增加很多自行

車道，嫌麻煩；民間則是只會倡議，卻不從系統的根本解決。[4]

郝龍斌曾經下令規定臺北市的自行車騎士必須戴安全帽，他本人也在競選市長造勢活動時騎車跌傷，但在 YouBike 推出後，就不提此事，不知道 YouBike 的騎士的頭殼是不是比較硬、耐摔？

為了討好單車族，郝龍斌市長曾一時興起，把敦化南北路劃上自行車專用道，結果沒有人騎車，卻造成交通空前紊亂。

郝市長的 YouBike 政績，其實是讓人民在沒有自行車路權的情況下，送入馬路虎口，騎 YouBike 的人有多少死傷、或造成他人死傷？在政客的政績包裝下，顯得微不足道。已經有保險業者要推 YouBike 第三人責任險。

這對喜歡貪小便宜而吃大虧的臺灣人，YouBike 成為各地政客仿效的「為民服務」，只會到某一天，某個美國人騎 YouBike 車禍，發現原來是在沒有路權下，他被臺北市政府（也可能是其他地方）所愚弄，就會有美國律師去告市政府違法把沒有路權的自行車租給他，就像租車公司，若出租無牌照的車給人使用，出事時是要負最大責任的。

人民和政府的權力關係

我之所以落落長的談交通的問題，是要用看得見的交通來對照看不見的電。我想說明的，是人民和政府的權力關係，如果是民主國家，憲法保 民有行動遷徙的自由，所以政府必須提供便利廉價的交通基礎建設，公務員有責任規劃、設計、建設方便人民行動的交通系統，不可用

4　根據 2014 年 4 月新聞，近年來 YouBike 站點激增至 158 站，大台北區總計有超過 5200 輛 YouBike。據臺北市交通局的統計，平均每車、每日的周轉率逼近 11 次，等於每日使用人次高達 5.5 萬次。

「管理之名」，行「處罰之實」，無能顢頇的公務員把歸咎給人民，動輒處罰，而沒有從憲法上保障人民平等、自由的使用道路交通的權力。

我認為所謂《道路交通管理處罰條例》根本是一個違反憲法精神的產物，交通部路政司的歷任官員應該交回薪水、退休金，並繳納罰款，以正綱紀。

同樣的，人民有使用天然資源的權力，大家好好看看憲法 143 條，是的，有這條憲法。

「中華民國領土內之土地屬於國民全體。人民依法取得之土地所有權，應受法律之保障與限制。私有土地應照價納稅，政府並得照價收買。

附著於土地之礦，及經濟上可供公眾利用之天然力，屬於國家所有，不因人民取得土地所有權而受影響。土地價值非因施以勞力資本而增加者，應由國家徵收土地增值稅，歸人民共享之。

國家對於土地之分配與整理，應以扶植自耕農及自行使用土地人為原則，並規定其適當經營之面積。」

按照憲法 143 條，人民有絕對的權力開發、使用土地上的天然力，再生能源依憲法屬於人民的，人民有發展、使用再生能源的基本權力。

但這條憲法自立憲以來，就被國民政府所扭曲，不說再生能源、天然力，光是看土地屬全民所有，但像某劉姓縣長之流的貪官汙吏、土豪劣紳，能以開發之名，行圈利循私之實，不公義的迫遷悲劇一幕幕在各地上演──像大埔張藥房的案例，居然是明目張膽地在光天化日下強行違法拆屋。新竹香山有位農民的農地，祖先留下的土地，因為新竹香山 R1 道路規劃的關係竟然可以連續被徵收七、八次，兩甲地只剩下四分。──而那條道路的規劃並沒有節省用路人多少時間。

　　我們有權力買車代步、營利，當然有權力可以買風車發電自用、賣電，而不是讓臺電或財團發電，像施捨一樣以高價賣電給我們。那些民營火力電廠一個個油滋滋，養著臺電退休的肥貓；反觀綠電的發電者，不是已經破產，就是走向破產。

　　臺灣的官員、國營事業，無論犯多大的錯誤，浪費多少錢，耗費多鉅大的社會成本、資源，錯誤的政策，傲慢怠惰的工作，都沒有關係，反正有一群又溫和服從又有錢的納稅人付錢，只要貪污不太過分（不是沒有貪污，也不是沒有抓到），就能安享榮華富貴，還有高額退休金。

　　我每次想到這裡，就恨自己沒能力抗稅，或是武裝革命！

第四篇　未來世界

核災不是核爆，不會一下毀滅，而是逐漸的，無聲無息的輻射毒害我們的遺傳物質、生命、健康、後代，是沒有止境的災害。……在我們不知不覺中，被輻射無聲的力量傷害了，而不自知。

經過 2013 年歐盟壓力測試審查小組來臺灣現場評審所做的報告結論：如果發生 1867 年北臺灣的金包里大地震、基隆海嘯，那麼後果就不堪想像了。

17.　未來世界：綠能直流電網

如果綠電直流電直接供電，就省下了許多電力交直流轉換的
能量，對綠電而言，可以省下近 40% 的電力，對於發電量不
大的綠電而言，這是非常大的的比例。

愛迪生被特斯拉打敗之後，從此交流電統制地球，而我所看見未來的電力世界，應該打破交流和直流的界限，重新從用戶與環境資源的角度來設計交直流並用的電網（包括電力與電信）。

電都是電，直流、交流相煎何太急？交、直流電各有擅場，交流電適合大量高壓電以電磁形式，遠距離電力傳輸，但是所有發電廠發的電都是直流的，必須提高電壓，轉為交流後，才能匯入電網，這樣就有能量的損失，相對直流電的長距離損失，還算是值得。

但對於綠電而言，發的電量少，再升壓，將直流電逆變轉成交流電磁，損失的比高功率發電廠大得多，十分不划算。雖然有人正在建立超超高壓（可達 70 多萬伏特），但也不適合綠電使用。

綠電應該直流，對綠電最好的方式，還是直流電進入家中的電器，家中的電器都是直流電，要把交流電轉成直流，才能用，如果綠電直流電直接供電，就省下了許多電力交直流轉換的能量，對綠電而言，可以省下近 40% 的電力，對於發電量不大的綠電而言，這是非常大的的比率。

電力和電信，一線共用

我主張大電廠、長途電力輸送，仍用現有的交流電網，但到了住家、用戶端，就應該轉為直流，進入每家的電都是直流，並且和每個家戶的太陽能、風力、小水力的發電並聯，就能夠滿足家戶、商店，甚至中小型工廠的需要。

至於調度方面，則可以家家戶戶的電網傳遞的即時電力資訊，隨時調度，而不用靠中央調度中心的調度，等到社區的電力不足或多餘時，再與中央調度結合，互通有無。

我們可以用智慧手機為例，說明未來的電力世界，應該就像一個非常巨大的手機，電力與電訊是在同一條電纜中通過，不再分開。

例如，只要看看你手中的 USB 充電器和手機充電孔就知道，不論是什麼型式的，除了可以通過直流電，也可以通過數據位元，你的電腦可以為手機充電，也可以為手機同步，或上傳、下載你想要的資料、程式。這都是自然而然的，我們從未質疑過手機為何可以這樣做，而我們的桌上型或筆記型電腦卻不能，好像智慧手機天生就會做這些事。

《Common Nonsense》的作者 Andy Rooney 曾經質疑，廠商能把筆記型電腦越做越小，但是還是有一個厚重的充電器，將此當成「沒常識」的例子。同樣的，當 ePC 出現時，大家都很興奮，可以帶著輕便的電腦出門，但看到還要拖著一個和 ePC 差不多大的充電器，與原來的筆記型電腦差不多，原有的興奮感迅速消退。

廣告上不斷讚美筆記型電腦輕薄短小，然而充電器並未減小，甚至體積、重量和電腦差不多了。當你外出時，不能只帶電腦，而不帶充電器，你等於是帶了兩個電腦分量的行李，如果再加上轉換器、數據機、連接線材等，主角電腦成了細小而不足道的配角，沒有那些周邊器材，

不管電腦多小，都是廢物，頂多只能當打字機用。

　　這都是因為我們現在用的電全是交流電，必須把交流轉化成直流才能使用。

　　同樣的，各種電器都存在至少一個變壓器，交直流轉換器。除了早期的白熾燈泡，或是電鉻絲電爐，可以直接用電力公司送進你家的交流電，其他的電器都是用直流電。而白熾燈泡和電鉻絲電爐都因為效能太差，已經被淘汰，甚至白熾燈泡在某些地方已被明令禁用。

　　為什麼我們現在所有的電器都用直流電，而電力公司卻供交流電給我們，我們必須重複的把電轉換成直流才能用？就算可以拴在白熾燈座上的 LED 電燈，比小指甲還細小的 LED，還要拖著一個比它大上百倍的交直流轉換器，不但增加了 LED 燈的成本，在交直流轉換中也耗掉不少的電力。

　　從最簡單的電學物理來看，現在的世界裡，還有什麼比電力的交直流轉換來得更「沒常識」？

為何直流變交流？

　　發電廠所發的電可以是直流電，也可以是交流電，不論何種形式的能源發電產生的都是電。火力、水力、地熱的渦輪，或是風力，動能都是推動力磁機，讓動能推動磁鐵中的線圈，依照法拉第定律產生電流，從正極流往負極，把電的能量轉成直流或交流電，可以傳輸，送往電器，再把電能轉成機械動力，熱能，或是電子訊號。

　　太陽能光電雖然不是用熱或動力產生的電力，而是由半導體捕捉光子而產生電，發出來的卻是直流電。這是比照光合作用的光反應，半導體把光能的電子位差的能量捕捉起來，把光轉為電。光能和電能是互換

的，像我們電腦的螢幕，許多新型的已經改為LED，LED是把電轉成光，反過來，就是把光轉為電，就像動能通過線圈、磁鐵轉動，產生電能（發電機）；電能也可反過來，再通過線圈、磁鐵轉為動能（馬達）。

半世紀以前，發電廠發出來的電都是直接輸送給供電區內用戶使用，在二次世界大戰期間，大部分的地區使用的都是35伏特的直流電，包括工廠也是。當時的電廠都很小，小型用煤或油的內燃機，或是農田水圳的水車都可以發電，家家戶戶都能自發自用，直到1947年《電業法》出現，電業成為國家的事業，國家壟斷了電力的權力，等於剝奪了人民發電的人權，1949年以後，國民政府被放逐到臺灣，發電、輸電、配電、賣電，更成了臺電的禁臠，讓人民徹底失去了發電的權利。

直流電變成交流電的技術原因則是在美國尼加拉瓜大瀑布的超級發電機，因為發電太大，又要送得很遠，才需要交流電。

發電廠把所有電廠的直流電轉成超高壓的交流電，交流電才能進入電網，透過電網把電送到各區域，降壓送到每個用戶的電表，流入電器中。

在這個過程中，小型發電設備就失去了競爭力，因為小型發電機產生的電流不足，很難把電壓增加到數十萬伏特的超高壓，所以就被摒棄在電網外。而大型電力設備，則可輕易把數千萬瓦，甚至上億瓦的電能升壓到數十萬伏特，損失的電能是有限的，少於10%，但就算風力發電一座風機可高達3百萬瓦，但是在把直流轉成超高壓交流時，因為電能不足，則會損失20%的電能，才能併網供電。但到了用戶端，除了少數電器，大多數電器又要把交流電轉成直流電才能使用，又損失了10-20%的電能。一來一往就損失了30-40%的電能。

現在的高壓交流電網，等於是小型再生能源發電最大的技術壁壘，早期的電力控制、調度能力較差，設備耗能高，供電、用電的距離遠，

需要大電力發電機組來支撐，而且大電力機組不論是水力、火力，或是核能，都在遠離人煙之處，以免汙染或潰壩的危險，這也助長了交流電的勝場。這也是為什麼我們一定要用無數個很大，而且轉換效率很差的交直流轉化器，而我們為何不直接用直流電呢？

直流，其實更容易

簡單來說，發電和用電兩端，都是直流的，中間為了長距離傳輸電力，所以用交流的。直流電是正極（＋）流向負極（－）的電流，而交流電，是將直流電透過線圈，轉換成每秒交換數十次的交流電場，電流電把電能透過電纜，送到比直流電更遠的地方，因為直流電的正極流向負極時，會因電阻而耗損，而交流電的磁場透過每秒 50 次或 60 次的正弦振盪頻率，把電能送出，長距離線路的損失就變小。

當我們看到高聳的高壓電鐵塔，到變電站，一直到家中的插座，這裡面都是交流電場，經過轉換器中的線圈，再把交流電電磁場轉換成直流電電流。

到了家中，或是工廠的電器中，又要把交流電再轉成直流電，才能讓電器使用。這是一個非常複雜，而又在一瞬間發生的事，從電廠的電到你家中的電器，是光速在輸配電網中發生的，只有幾微秒的差距，想一想這真是電光石火的事。

在現在電腦能力與 10 年前已經不可同日而語，過去笨重充滿一棟大樓的真空管、電子設備，現在都可以容入一支小手機中，人類擁有比過去更驚人的計算能力，交直流壁壘分明的世界早該改變了。

1998 年我已經換了兩、三臺手機，稽核臺電核電廠的 Y2K 準備工作，發現 1950 年代設計的核電廠的記憶體、速度簡直是小得可憐，所

有核電廠的電腦能力，還不及我一手在握小小的手機，那些控制卡片才只有幾 K（千位元）的容量，當時市場上已經找不到那麼小的容量產品，核電廠主要的控制系統還是停留在一甲子前的「高科技」。

現在的科技，絕對可以直接把屋頂的太陽能產生的直流電直接用在我們的電器上，如果臺北市的屋頂全部都裝了太陽能，在白天，我們可以把太陽直接轉化為電能，透過電力與電信網路，瞬間互通有無，以臺北市屋頂的面積，足以供應白天用電。我們可以通過電源控制設備監測到所有電器用電的情況，決定哪些電器可以停掉，哪些電器什麼時候用，進行自家的電力「微調度」，配合自家屋頂的太陽能發電。

我們的電器並非時時刻刻都在用電，在社區裡也不是每個家庭同時都在用電，所以可以進行社區的小規模的調度，調度在家要用電的人，可以用家中無人的家庭不用的電。如果是星期天大家都在家，那麼辦公室屋頂上的電就可以調度給家裡來用。在社區中，大家只要用小型的直流電網，就能夠供我們生活、起居使用了。

18.　綠能夠不夠工業使用？

壹東用自己來示範，證明太陽能是可以供應廠房用電的，但這一定要與臺電的電網併網才能產生作用，因為光是一家工廠，無法進行電力的供需調度，必須和電網的「大水庫」相連，才能確保整體系統的穩定性與可用性。

一定有人會問，夏天那麼熱，冷氣那麼耗電，太陽能怎麼夠？

這還是停留在 10 年前我的想法。那時候的太陽能發電密度很低，所以要很大的面積，那時候直流變頻冷電也不普遍，冷氣壓縮機必須轉轉停停所以耗電高，現在太陽能發電密度加大，冷氣耗電力低，以 5 片標準模組的太陽能板（一片面積約半坪，共 2.5 坪），每小時就能發 1 度的電，這樣的電力密度絕對可以供應兩、三層樓房的冷氣，如果做好綠建築節能設計與使用，則可用得更多。

工業怎麼辦？

壹東實業的太陽能園區

我原來也不認為太陽能可以供應工業用電，直至 2011 年參觀高雄小港區的「壹東實業」，才相信太陽能完全可以服務工業用電。壹東是臺灣生產彩鋼板數一數二的公司，臺灣大多數的高速公路隔音牆，都是

他們的產品，他們也做標準廠房，所以他們認為可以搭配太陽能作為企業發展的策略。

壹東在小港的廠房屋頂上安裝了太陽能板，一個月發的電 12 萬度，剛好可以與工廠一個月的用電互抵，也就是以工廠屋頂面積，就能供應製作彩鋼板加工所需的電力。這不包括中鋼供應的鋼材用電，只是彩鋼板成型、噴漆塗裝的用電，其中塗裝部分和大多數工廠一樣，使用的是瓦斯加熱的烤漆設備。

壹東用自己來示範，證明太陽能是可以供應廠房用電的，但這一定要與臺電的電網併網才能產生作用，因為光是一家工廠，無法進行電力的供需調度，必須和電網的「大水庫」相連，才能確保整體系統的穩定性與可用性。

農村的小水電機會

我的朋友張壯謀，從小在新竹峨嵋山區的客家庄長大，有一次他帶我去他老家爬山，走過原來用來耕作的水圳，仍有湍湍流水，但已不復當年的農莊水圳的功能。

張壯謀告訴我，60 年前他家的電也是來自這條水圳、溪流，小小的水車發電，可以供家中 5 燭光的電燈在夜間發亮。自從臺電通電後，他們的小發電機也就廢了。

走在陽明山的農舍間，拜訪古琴家袁中平，他家外面也有一澗水圳，活力充沛，如果用來發電，供應他家的電力應該沒有問題，他沒有冷氣機，最耗電的是冰箱，也足以推動。其他的電腦、電話、音響、電燈都不算太耗電的設備。

這些水力都被浪費了，而且在《再生能源發展條例》中成為遺珠之憾。我沒有辦法統計到底臺灣有多少水圳可以用來發電，但是臺灣的淺山、丘陵地遍布了溪流、水圳，都是再生能源的珍珠，把這些細小的珍珠串起來，可

以匯聚水巨大的能量，至少可以抵上一座核電機組。

天母原名「三角埔」，1930 年代日據時期興建了一條從陽明湧泉到總督府的水管路，今天中山北路就是當年的水管路，在圓山已被拆除的「中山橋」，原來就是條水管橋，把水從陽明山引到市區。

在中山北路七段底，有一個「三角埔發電廠」，已被列入古蹟，這就是先民把陽明湧泉流下的水用來發電，也可以發出 500 千瓦的電，當年供應三角埔到中山北路五段的居民用電，即使現在，也可以供應 3-5 百戶家庭使用。每次走過這條水管古道，黝黑的水管中仍然流著澎湃純淨的陽明湧泉的水。

社區太陽能方案

1987 年我住臺北市大安國宅，還陰錯陽差當了一陣住戶管理委員會的總幹事。我的房子在頂樓，一住進去就漏水，仔細了解，才知道原來這建築大師李祖原設計的「鞍背式」屋頂的國宅，原本是有屋頂的，但因為貪污圖利、偷工減料，竟然沒有了屋頂，原設計圖上屋頂是居民的活動空間，這一來，頂樓的天花板成了屋頂，耐候性差，怎麼會不漏水、長壁癌？

這個沒有屋頂的國宅已經 30 年，我也搬走 20 多年了，最近在研究太陽能問題時，突然想到為何大安國宅的頂樓為什麼不用太陽能板蓋起來，一方面可以保護頂樓的房間，另一方面，把原來就屬於居民的空間還給他們。

如果以造價來算，大安國宅乙區有 12 棟，每棟屋頂有 100 坪，四周沒有高樓擋住，可以全部加上太陽能屋頂，就能發電，供當地居民使用。這成本大約 200 多萬，但是以大安國宅一帶的房子，一坪動輒一、

二百萬，這等於為大樓居民創造了 1 億元的資產，也還給居民一個公道。

2010 年的時候，太陽能的屋頂造價是每瓩近 18 萬元。2014 年上半年每瓩為 6 萬 8 千元，下半年竟跌了一半，只剩 2 萬多元，未來還會繼續下降。

每瓩要用掉 10 平方公尺，約 3 坪，所以大安國宅 1 棟的屋頂可以發出 30 瓩的電，如果以 1 年 1000 滿發小時（即全功率發電），就可以發 3 萬度的電，12 棟可發 36 萬度的電。若以每度 7 元的收購價格，則可有 252 萬元的收入，大約 10 年就能回收。

政府都宣傳太陽能電價太貴，會調漲電費，許多人也都相信。但是從以下兩個觀點來看，太陽能實在是太便宜了。

1) 臺灣有什麼生意投資回報期是 10 年的？這種生意為什麼沒人做，因為是賠錢生意。

2) 臺電自己計算，尖峰用電的成本一度 50 元以上，因為這些尖峰用電才啟動的發電廠平時不用，一年只有尖峰用電的幾個小時啟動，所以分攤下來成本就非常高。夏天大太陽下，大家開冷氣，工廠要生產，設備也要降溫，高溫也造成效率大減，這時要調度的尖峰用電約 300 萬瓩，而這些電剛好是太陽能可以補足的。

以每瓩 3 坪的太陽能面板面積來算，總面積是 900 萬坪，這數字看起來很大，但是以臺灣都市的屋頂來算，這是非常小的比例。而投資金額約 6 千億元，只有核四的 2 倍，但是卻可以完全平衡掉臺灣的尖峰用電量。別忘了，核四不但一度電都沒發出來，還先用了上億度的電。

而臺電為了這 300 萬瓩的電，每度電的成本超過 20 元，還需要燒掉數十億的核四「封存費」！因為這些電廠只有白天為了對付大太陽而發電，晚上不用電，大家不發電，但是為了萬一哪個核電廠跳機，要緊急供電，它們也不能睡覺，只能立正站好，熱機而不發電，這就像我們

的汽車怠速，不動，每公里的油耗就是無限大（任何數除以 0，都是無限大）。

汽車怠速 3 分鐘就要被環保局開罰單，罰金是 1500 到 6 萬元，比汽車大幾萬倍的火力電廠經常整天都在怠速，為的是防止核電廠跳機瞬間的電力缺口，卻不需要被罰，這是不是有失比例原則？

屋頂太陽能＝全民套利

從另外一個角度來看，太陽能屋頂可以為都市創造更多有利的空間，以大臺北區平均一坪住宅至少 50 萬元來看，至少可以增加 100 萬坪的太陽能屋頂，也就是 100 萬坪的空間，就是 5 千億元的資產增加，而成本是每坪 2 萬 3 千元，總共也只有 230 億元。

任何人都看得懂，用 230 億換來 5 千億，是巨大的套利，只要有合理的制度配合，我相信 2 年內一定全部都蓋起來，大家夏天高興的開冷氣，想到還能賺到屋頂的空間，還有誰會抱怨臺北日照不足，投資太陽能無法回收成本？

在都市地區太陽能屋頂的邊際效益極大，遠遠超過它們可以發電、賣電的收入，可是爬上 101 大樓去看看，臺北盆地幾乎看不到一塊太陽能板。

迷信核電便宜、安全執迷不悟的執政者，他們沒有看到如果臺灣的都會區屋頂加蓋太陽能發電，有以下立即的利益：

1) 都市屋頂違建的雜亂景觀立即改善。（只要在符合建築安全的簽證下，屋頂就可以蓋太陽能板）

2) 市區地狹人稠，如果可以在區域用電尖峰發電，則不需要建大量的變電站。

3) 房地產增值。

4) 提升臺灣太陽能產業競爭力，創造就業機會。

我們把工廠、濱海、農村、城市的閒置空間裝上太陽能、風電、小水電，形成一個自己自足，可以相互支援的電力站，由點而線，由線而面，構成交流與直流和資訊流共軌的電網。

事實與真正的利益存在如此大的矛盾，完全是政府與臺電在搞鬼，否則天龍國的百姓會和他們前任市長、現任總統一樣笨嗎？

最後，我再分享一個很大、很有前景的綠能計畫案例。臺西太陽能。

19. 臺西綠電，臺灣新希望

自從六輕動工，當地的農漁民苦不堪言，六輕的汙染不僅有長期全國性的健康風險，對當地的農漁業更如慢性毒藥加急性傷害。

別說我們沒有機會，我們有大好的機會，除了臺灣都會區可以蓋太陽能屋頂外，在非都市地區更有莫大的潛力。

林進郎，雲林縣臺西鄉淺海養殖協會理事長，長期在臺西海線與臺塑六輕對抗，他無法擋下麥寮的臺塑六輕，但是擋下了臺灣原本想在臺西五條港海埔新生地的臺塑大鋼鐵廠的計畫。

近年林進郎很傷腦筋，因為十多年前經濟部工業局徵收了 283 公頃的魚塭，花了上百億填海造陸，準備出賣給臺塑建大煉鋼廠，現在這項數百億元的投資就荒廢在那裡，林進郎頗害怕，不知道政府又會出什麼花樣，在這裡又要搞什麼工業。

自從六輕動工，當地的農漁民苦不堪言，六輕的汙染不僅有長期全國性的健康風險，對當地的農漁業更如慢性毒藥加急性傷害。六輕持續不斷的排放，使當地的作物與水產養殖一落千丈，有時一陣風過來，就不明不白死掉或無法長大，當地鄉親也沒有能力舉證，只能「幹在心裡口難開」。

六輕之後

前幾年六輕連續發生爆炸，打破了王永慶的經營之神神話，現出環境惡霸的原形，地方政府向臺塑索賠超過10億元，辦一場「農業博覽會」也用得差不多，對當地居民根本沒有實質的意義，只有少數人受益，大多數人仍要默默承受六輕毒害。

林進郎找我去臺西，看看能做什麼，我剛好也在調查英華威風力發電的利弊，得知臺西一帶也是很好的風場，但因為地方政治因素，所以只有臺電的三支風機在那裡。在飽餐林進郎招待的海鮮後，到五條港現勘，發現當地除了283公頃的臺塑大煉鋼廠的預定地外，還有廣潤的魚塭，近年也因為六輕經常血本無歸。我設想如果這裡的居民能夠比照農漁產銷合作社，把風電與太陽能當成地方「土產」，會是什麼情景？

我請英華威的工程師提出當地的風場與日照的統計，如果把臺塑大煉鋼廠和1千公頃的魚塭拿出來作為綠能產銷合作社的基地，簡單的試算表如下：（參見表1、表2）。

這計算還算是保守的，因為太陽能、風力發電的單位造價還會再降，而能源價格還會提高，所以未來還有一定的空間。

如果這片1283公頃的土地能夠好好開發成綠能專業區，而在風機、太陽能板下，還是可以繼續種植、養殖農漁作物產品，每年106億元等於是天上掉下來的。

當然這是需要本錢的，陳謨星教授說過，在美國進行風力發電，業主是不需要拿錢出來的，只要和電力公司簽約，就能貸到款。我們計算一下，這一年106億元綠能收入，需要971億元的投資，大約10年就能回收，而太陽能與風力的壽命大約是20年，剩下10年除了保養維護的費用外，都是淨賺的。

表 1. 臺西綠能產銷合作社發電量預估

	風力發電機組	太陽光電系統	各區年發電量
年滿發小時	2700	1250	
原臺塑大煉鋼廠預定地 283 公頃	20 座 3MW 機組 總裝置容量 60MW 年發電量 162 百萬度	可裝置容量 200MW 年發電量 250 百萬度	412 百萬度
臺西私人魚塭 1000 公頃	56 座 3MW 機組 總裝置容量 168MW 年發電量 4.536 億度	可裝置容量 1000MW 年發電量 1,250 百萬度	1,703.6 百萬度
小計	年發電量 6.156 億度	年發電量 15.00 億度	21.156 億度
薑售價格	每度 2.6 元，即為 16 億元	每度 6 元，即為 90 億元	合計 106 億元

資料來源：英華威與作者試算

表 2. 臺西電力股份有限公司投資費用

	風力發電	地面型太陽光電系統	各區小計
建置成本 每 kW/ 新臺幣元	68,000	68,000	
原臺塑大煉鋼廠預定地 283 公頃	總裝置容量 60MW 40 億 8000 萬元	可裝置容量 200MW 136 億元	176 億 8000 萬元
臺西私人魚塭 1000 公頃	總裝置容量 168MW 114 億 2400 萬元	可裝置容量 1000MW	794 億 2400 萬元
小計	155 億 400 萬元	816 億元	971 億 400 萬元

資料來源：英華威與作者試算

　　這種能源的長期投資是相對穩健的，除非有重大的能源革命，否則全球能源緊缺，價格只會漲不會跌，這也是國際金融機構喜歡的項目，但在臺灣就很難說了，因為最大的變數是政府的政策，沒有哪家銀行願意冒險，得罪這個堅決反對再生能源的政府。

　　但從正常經濟效益分析，不做才是最蠢的事，因為農漁民已經被六輕汙染搞得民不聊生，一年的努力可能被一陣風吹來的油煙破功，血本無回，求償無門。其實，在這片既受汙染，又有地層下陷危機的鹽鹼地帶，老天早就幫他們開了兩扇窗，太陽和風，帶給他們無盡的財富，而且可以世世代代永續使用。

　　971 億是什麼概念？雲林臺西鄉在 2014 年 6 月的人口是 25,122 人，每人可以分到 386 萬 5 千元。扣去貸款、利息，每人還有 190 萬元可拿。

　　如何？快把戶籍遷到臺西吧！

誰殺死了再生能源？

　　臺電、經濟部能源局如何扭曲法律，將一部《再生能源發展條例》變成「再生能源處決條例」，我已經在前面說了。

　　屏東的一位計程車司機說：「我們屏東的太陽這麼大，不發展太陽能，實在對不起太陽！」

　　的確，2009 年八八風災，屏東沿海被一米高的泥沙淹沒，當地農漁民的生計頓受打擊，無以為繼。屏東縣長曹啟鴻認為如果魚塭可以放上太陽能板發電，被泥石沖毀的農田也可以用來太陽能發電，將可幫助失去生活依據的農漁民重新站起來，曹啟鴻想出了讓災民「養水種電」的計畫。

　　所謂養水種電，就是原來以抽地下水維持的養殖漁業、農業改為發

展太陽能，就不會再超抽地下水，造成土地下沉，以八八風災重建基金來輔導農漁民轉業，一方面可以不再超抽地下水，一方面則可維持農漁民生計。

以 2009 年剛通過不久的再生能源發展條例，太陽能有很好的價格，計畫中 1 度太陽能電收購價格超過 10 元，有許多人躍躍欲試。2010 年上百家的公司投入太陽能發電計畫，有屋頂型的，也有電廠型的，一片榮景。

沒想到 2010 年底，太陽能發電還沒開始，當時的行政院政務委員，後來接任中華經濟研究院董事長梁啟源就預言「再生能源發展過熱」，造成暴利，會漲電價，硬生生扭曲再生能源發展條例，片面把原訂的年底前申請改為「年底前完工」，這讓很有投資的人措手不及。

因為臺電與經濟部能源局的行政牛步化，以各種奇怪的理由卡住老百姓的申請，像要求土地所有權、建照，土地法規綁住土地面積，再加上環境影響評估，超過 500 瓩的，要像核電廠一樣做環評……一切都通過後，臺電又說饋線不足，這樣做下去，沒有人能發展再生能源。

2010 年 12 月行政院長吳敦義，更以社會正義的大旗，把再生能源污名化為套利的工具，這也使得平時溫文儒雅的曹啟鴻大罵：「這是強盜政府」。

再生能源，胎死腹中

我最佩服梁啟源，可以把一套完整的能源配比（Energy Mix）的系統支解得黑白顛倒，核電的成本可以不計算最大的核災風險，以及核廢料處理的困難和經濟與社會的不可行性，把核電說成最便宜的能源，每度只要 0.67 元，而全世界核電的平均成本都在 3 元以上；太陽能發電固

然看起來每度成本很貴,電費 1 度不到 3 元,而太陽能竟然要十多元,這麼貴當然會拉抬電價!

但是回過頭去看太陽能可以提供的正是尖峰用電所需的電,臺電的尖峰發電每度成本是超過 50 元,從這樣的比例來看,太陽能真的太便宜了。

在太陽能發電還沒開始時,梁啟源就預言「再生能源過熱」,過了 4 年,臺灣的再生能源有如一潭死水,都是拜梁啟源當年一盆冷水之賜,對臺灣能源經濟有如此重大「貢獻」。

我更佩服吳敦義,恐怕下輩子也學不會他的話術,可以把活的說成死的,好的說成壞的。我在筆記中保留了他的一段嘉言錄(因為我的修辭學有限):

「政府會在更公平合理的基礎上去確立改善的方向,不僅會避免任何看得見或看不見的道德風險在採購過程中出現,以兼顧對再生能源產業的獎勵,同時又不會造成民眾支付不合理電價的負擔。」

這段是吳敦義在 2010 年 12 月 30 日行政院院會上回答臺南市長賴清德質疑政府再生能源政策背信忘義、扭曲法令時所說的經典名言。

這段話我看了許多次,都看不懂,也記不住,因為太沒有事實與邏輯。但從吳敦義的口中說出,堪稱是愛民如子、無懈可擊。我個人認為如果若不是這段話有點太長,否則應會和「白海豚會轉彎」、「發明無薪假的人應該得諾貝爾獎」並列吳氏嘉言錄。

更聰明的節能

我對目前臺灣各種節能宣傳十分厭惡,因為這些隨手關燈的節能廣告,這些沒有電力常識的道德勸說,只是誤導大家正常用電的觀念,省

小錢，花大錢，浪費比省的多得多。

節能一定要有系統的方法，最重要的是「經濟誘因」。

30 年前，住在美國時，美國電力公司的電費單包含了一張 Rebate（折扣）的傳單，只要你換了節能燈，憑收據就可以向電力公司申報，在電費中就會把一部分買節能燈的錢折扣下來，作為鼓勵。

問問在 30 年前用電一向很浪費的美國電力公司就知道，開發一度電源比省一度電的成本高了 10 倍，因為開發新電源一定會碰到「寧避效應（Not In My Back Yard，NIBY）」，再加上可開發的天然資源減少，大水庫幾乎不可能，火電也有阻力，核電在 1979 年之後至今就沒有新核電廠的運轉，當時的風力、太陽能再生能源技術還不夠成熟。另一方面，減少電源開發，增加電廠使用效率，卻是保持電力使用穩定的最佳良方。

電廠就怕用電忽高忽低，許多電廠就要不斷的調節供電，十分不利操作，像核電廠的致命傷就在於一旦啟動後，想要降載就很困難，對電網而言，缺電可以立即停止某些區域的供電，維持電網的穩定，但如果發電太多，難以調度，電網就會出現電力過多的「超載」，這比缺電更危險。

時間電價平衡日夜用電量

一般而言，白天工作時用電量大，晚上休息時，用電量小，所以盡量把電力能移到晚上用最好，所以各國電力公司都推出時間電價，把用電盡量平均使用，減少某些人為的高峰出現，於是提出更好的優惠時間電價方案。所以就有儲冰式冷氣出現，大家可以晚上用離峰電製造冰，白天可以不用耗電大的壓縮機，只用耗電量小的風扇、馬達，把冰水循

環，供空調吹出冷氣。

上海市的民生用電都有時間電價，他們白天電價是晚上的 2 倍（白天 6 毛人民幣，晚上 10 點到早上 7 點是 3 毛錢），所以許多人改為晚上洗衣服、燙衣服、燒飯。中國大多數的電表都是用智能卡的，拿像悠遊卡的卡片去買電，然後插入電表，就把儲值的電充入電表中，電表有時間，可以分出白天、晚上用電，就能計算電費了。這類電表大約 3、5 百元人民幣，就能實現時間電價的功能。

臺灣也有時間電價，但是一般家戶根本不能用，因為臺電設下非常高的門檻，除非你家每個月的電費都超過 5 千元（臺灣 2 個月繳一次電費，就要上萬元），一般家戶何德何能用得起時間電價電？這種時間電價只造福 24 小時超商，和行動電話基地臺業者，他們用電量大，可以省錢，所以 7-11 的茶葉蛋都是深夜煮出來的。這又是一個全民劫貧濟富式的電價方式。

網路上有人問我，是不是晚上洗衣服可以省電費？我回答：如果你住臺灣，就不會。他們可能是聽到在中國的朋友說的，在臺灣，我們電太多了，臺電就怕我們白天不一起用電，創造短暫 1 秒鐘的破紀錄用電尖峰，就可以大喊缺電，而臺灣這幾年的用電總量並沒有成長，反而有幾年是衰退的，只是用電不平均，造成夏天大熱天的電力尖峰，這是臺電的陰謀。

把不用的電賣回給臺電

我們應該要求改變電表，可以使用時間電價的智慧電表，甚至我們可以把電力尖峰不用的電賣回給臺電，把電費賺回來一些。「電力賣回（buy-back）」是非常簡單的道理，不是每個人在尖峰時都需要電，所

以只要和臺電簽約，自願把每次尖峰時刻的電賣回臺電，例如買電是 3 元 1 度，可以賣 4 元 1 度，臺電就可以透過網路停止你家的電表的電流，就好了。

臺電不這樣做，因為臺電非常歡迎夏天的用電尖峰，越破紀錄，他們就可以蓋更多的電廠，這 30 年來，臺電蓋了至少多出 20% 不必要的電廠，還不讓只占 12% 的核電除役。

以上都是 30 年以上的老技術，說一些 2000 年以後的事。

2002 年我在重慶協助福特汽車開發供應商，當時正在蓋三峽大壩，因為 2000 年以後中國經濟起飛，電力供應不足，重慶的供電吃緊，有些工廠配合供電，必須開三休四（一週只有 3 天可以開工），而且用電也限制負載容量和總量，也就是在任何時間不能超過規定的用電瓦數，每個月也不能超過用電的總度數，否則會受到很嚴重的罰款。

各個供應商裝上了廠內的負載管理電腦、程式，嚴格監控每一部機器、每條生產線、每個車間、每一個辦公室的用電，我常在供應商開會，開到一半辦公室停電，冷氣、電燈都停了，但是工廠設備還在運轉，就是自己調節用電的結果，確保生產，切斷非生產性的用電。

沒有廉價電力，經濟就不成長？？

臺灣經常說：「沒有廉價而充分的供電，經濟就不會成長。」和中國這幾年的發展比起來，這是一個荒唐的笑話。電力不夠是因為經濟成長太快，電力需求超過供應，而不是有了電就會經濟成長；就像開店不一定有顧客上門，因為顧客太多才要展店，沒顧客展什麼店？

近 20 年來，中國經濟成長的事實，可以證明工業電價高於民生電價可以促進產業發展。中國的工業用電遠高於民生用電，而且工業用電

普遍分為 4 級：高峰、峰、平、谷，電價由 9 毛錢到 3 毛錢，比民生用電貴，但是中國經濟照樣成長。

如果我們的經濟部連這麼簡單的事實都不清楚，如何和中國談什麼 ECFA，服務貿易、貨物貿易？這兩年我看很多臺商無法在中國生存，主要問題都出在能源價格、環保、勞工方面，讓那些只會坐享優惠的臺商退出中國，這些失去競爭力的臺商最大的問題出在被臺灣的便宜水電價格、鬆散的環保、勞工制度慣壞了，注定被淘汰的命運。

在整體的產業面而言，電力或能源成本在一般產業只占很小的比例，如果企業只在乎便宜電價，而不會控制成本，這種產業有何競爭力可言？

以現在的技術，我們都已經可以用手機控制家中的電器，透過網路，連上電器，可以調電燈的光，決定開啟、關閉哪些電器。

我想未來手機或電腦可以調控家中所有的電器，可以控制冷氣、冰箱的溫度，配合陽光調節電燈的亮度（這對 LED 燈是輕而易舉的），可以設定電鍋的時間，也可以把不看的電視電源關掉，甚至連待機的電都省下來。

當然我們的手機或電腦也可以紀錄每個電器用多少電，何時用的，是否異常、故障。我們也可以決定如何優化我們的電費，在用電量最低，但仍能保持舒適健康的生活環境。

如果我們走出臺電布下的電力恐怖主義的陰霾，未來的生活是有趣、便利、經濟效率的，而不是整天聽到隨手關燈的腦殘口號。

20.　核災發生時該怎麼辦？

我必須誠實的告訴你，臺灣核電廠最壞的情況，讓你做好準備，不枉費你花錢買這本書，花時間看到這裡。

天作孽猶可違，自作孽不可活。

不管你信不信臺灣會不會發生核災，我是信了。

核災不是核爆，不會一下毀滅，而是逐漸的，無聲無息的輻射毒害我們的遺傳物質、生命、健康、後代，是沒有止境的災害。就像馬英九的競選總統文宣中的「無聲的力量」一樣，在我們不知不覺中，被輻射無聲的力量傷害了，而不自知。

經過 2013 年歐盟壓力測試審查小組來臺灣現場評審所做的報告結論：如果發生 1867 年北臺灣的金包里大地震、基隆海嘯，那麼後果就不堪想像了。這遠超過我已前最悲觀的想法，這也使我沒有悲觀的權利，必須做些什麼。

The Worst Case Scenario

臺灣人是健忘的，目前只有少許 1867 年北臺灣大震的史料，以及後來的研究，但是以太平洋西岸板塊運動的週期，以及日本大震後幾年，臺灣接著大震的歷史規律，我不得不選擇相信，北臺灣在幾年內也會發

生 1867 年，甚至更高規模的地震。

　　我看了伊格言的《零地帶》，感覺很輕鬆。他所寫的場景是核四運轉後產生爆炸，這是「很輕鬆」的核災。書中描述的是核四啟動運轉發生爐心熔毀、爆炸，並不新鮮，那是上個世紀三哩島或車諾比等級的事故，因為這都是新的核電廠，運轉不久，所以肚子裡的「髒東西」並不多。所以名嘴照說、電視照看、總統照選。早在福島核災之初，我查了核電機組的歷史，預測福島核災會一定超過車諾比。果然，福島熔毀的爐心到今天還在漏水，因為福島是經年累月的老朽核電廠，三、四十年來藏污納垢，比起三哩島、車諾比兩個未滿周歲的小 baby，輻射的威力可強多了。

　　臺電和政府只說核電的好處（便宜、體積小、發電量大、沒有排放溫室氣體、乾淨、效率），沒有告訴你核電最大的壞處是輻射。這就像賣 K 他命毒品給中學生的人，花言巧語，告訴你吃下去有多快樂，多舒服，多聰明，多享受，而且很便宜，但是沒有告訴你，會讓你神經失調、小便失禁……後遺症一大堆。

　　我必須誠實的告訴你，臺灣核電廠最壞的情況，讓你做好準備，不枉費你花錢買這本書，花時間看到這裡。

　　首先，知之為知之，不知為不知。我們以 1867 年 12 月 18 日的北臺灣金山（金包里）地震與基隆海嘯作為「標竿」（Benchmark），但這是百年級的地震，和日本學者都司嘉宣所言，福島千年一遇的大震還差許多。所以我把地震規模尺度放在福島級的千年大震。

　　根據尋找和平島聖薩爾瓦多城的西班牙考古隊，和臺灣地質學者陳文山、李昭興的考證，和平島的高處土壤有明顯的 4 層海砂、土壤、海砂、土壤的沖刷遺跡，證明當年基隆和平島被海嘯沒頂兩次，海嘯高度超過 20 公尺，足以使核一、二、四廠滅頂。而在清朝有幾次大地震，

包括讓臺北盆地變成大湖的地震，所以臺北有許多和水有關的地名，如內湖、南港、汐止、石碇（船下碇的所在）、大灣（臺北市大安區）、唭哩岸⋯⋯這都是歷史地震的證據！

依照歐盟核電廠壓力測試專家到北海岸、東北角核一、二、四廠的現場情形、地質資料，可以論證北臺灣海岸線的道路橋樑全部斷裂，幾無倖免。大家應該還記得北二高萬里收費站附近走山，基隆老鷹石崩塌，以及核一廠外的十八王公廟被土石流損壞的新聞，就可以了解北臺灣的地質有多脆弱，所以山崩地裂，道路坍方，橋樑隧道中斷，完全是可以預期的，這是常識，不必有專業知識。

有一天臺北還會大地震，如果造成生命財產的損失，將不是天災，而是人禍。因為早就有太多的證據告訴我們，這裡會有大地震，有大斷層，就像在沙石車穿梭的高速公路，你亂過馬路被撞，該怪的不是沙石車，而是你自己。

面對臺灣政府與人民對核電假廉價、假清潔的無知與冷漠，如果發生核災，也絕對是人禍，因為也已經有太多徵兆告訴我們，核電廠有多危險。從 1980 年代的核三廠爆炸、核一廠空浮、核二廠輻射廢水、廢物外洩，到近年的核電廠老化、跳機次數增加、反應爐明顯傷痕累累，反應爐的錨定螺栓都斷裂了，核四永遠無法完工⋯⋯這些天啟都無法喚醒臺灣人，核災降臨是我們咎由自取。

如果發生核災你該如何？

依照歐盟壓力測試審查報告的內容，我們可以推論，1867 年的大地震重現，應該是惡名昭彰的山腳斷層。據陳文山教授的研究顯示，這道斷層剖面是從臺北盆地西側的淡水河斜斜向下延伸到東區，所以地震

時信義計畫區應該是最嚴重的重災區，大概臺北市政府就失陷了。

山腳斷層一直向北延伸，穿過大屯山，在核一、二廠之間出海，到底有多長，還沒有人知道。2014 年 2 月 12 日大屯山平等國小附近震央的大地震，與山腳斷層必然有不可分割的關係，近年金山一帶溫泉出現異常高溫，也是異象，只是沒有更深入的研究與未來大地震的關連性。

所以當山腳斷層錯動，產生地震，或是從北方琉球海溝延伸下來的板塊擠壓造成的地震，都將會讓北臺灣，特別是沿海的所有公共建設都從地圖上抹去。日本東北大震前的各項防災準工作充分，從 NHK 都能夠現場立即轉播海嘯畫面，就知道事先有完整的規畫與設計，才做得到。

臺灣的原能會核災演習時，花了數千萬元建制的法定核子事故廣播系統都完全「沒有聲音」，你還能期望所謂的「政府」能為你做什麼嗎？

歷次的黑心食品反映出政府對危機處理的系統性本質問題：政府才是真正危機的根源。依照我對這個政府的了解，不論誰執政，其結果都差不多。就像一般人得癌症的五個心理階段：

震驚與否認期

恐懼焦慮期

悔恨妥協期

抑鬱期

接受期

回想一下，每次災難發生，政府官員先是震驚不知所措，先否認是自己的責任，像衛福部食藥署署長葉明功在 2014 年 9 月黑心豬油醜聞始發期的震驚，說味全是「罪大惡極」，責任先推給企業。然後急病亂投醫，每日數爆，越來越多的黑心油品食品曝光，杯弓蛇影，市場大亂，人心浮動。接著開始結合產官學媒四大金剛消毒，說黑心油其實是「劣

質油」，只是品質不好，食安還是「綠燈」，每人一天「只喝到一滴油」，而且檢驗 4 個油品，全部合格。

衛福部長邱文達神隱，宣稱是開會，其實是關門自閉，馬英九也關門大罵，江宜樺也覺得該做的都做了，自己很受傷。最後，官員還是否認有責任，倒楣地演出辭官記了事。但辭不辭官不是重點，可怕的是完全無人負責、無人監督，讓我們的食安十數年來都任由黑心業者官商勾結，置全民健康安全於不顧。一旦反彈出頂新集團更大的醜聞、弊案，官員只好掃射所有業者，通通中獎，老百姓只能自行抵制、自力救濟。

地震海嘯引發核災的話，這種情境是不可能出現的，當然也不會像《零地帶》中的談話性節目名嘴的對話，因為臺灣的所電力系統瞬間停電，造成全島全黑，甚至因為系統「電震」，電廠的汽機渦輪葉片斷裂，即使沒有核災，也要一個月以上才可能修好。

在全島全黑，或核電區域全黑的情況下，運轉的核電廠急停，而高溫的爐心無法冷卻，外部沒有電源供應，緊急備用電力無法啟動，或支撐一陣子後電力耗盡，爐心失水，然後熔毀，快則數小時，慢則 48 至 72 小時，核電廠反應爐的輻射與高溫裂解水，釋放出氫氣，產生氫爆，輻射大量外洩。

從日本福島的日本國會調查紀錄來看，核電廠在地震後，已經重傷，控制中心無法監控反應爐，因為線路、管線閥門都因地震斷裂受損，核電廠在「七孔出血」前，已經全瞎、全聾。所有的「核工專家」也在胡說八道，因為他們只有核電的美夢，否定一切不確定的猜測，才有「核電廠坐在菩薩蓮花座上」荒唐的說法，難道他們沒聽過「泥菩薩過江，自身難保」的至理名言嗎？

我不知道馬英九會不會像 KUSO 新聞「連核爆」上預測的逃出國外，但是我可以預言，到時候什麼媒體都沒了，因為沒有電。沒有電，

就沒有通訊，沒有動力，所有現在文明的設備、設施都停擺，你可能發出幾封電子郵件，或幾個臉書的帖子後，就告別文明的世界，回到篝火蠟燭光時代。

恐懼的總和

地震海嘯加上核子事故，是臺灣所有恐懼的總和，比冷戰時期恐共，或是二戰時期美軍大轟炸還恐怖，因為大規模的戰爭，都還是局布的，點的進行，戰爭人禍固然可怕，但比起核災人禍，遠遠是小巫見大巫，因為輻射遺留下的核毒，對短短不過百年的人而言，是永恆的傷害。

三哩島與車諾堡是單一機組事故，而福島是單一核電廠多機組事故，其範圍與影響更大，但交通未斷，能夠獲得外援，災區人民可以即時疏散。依照來臺進行核電廠壓力測試審查的歐盟專家判斷，臺灣若發生地震，則會發生全世界尚未發生的「多核電廠，多機組同時核災」，而且道路交通全部中斷，無法復原，核災時災區內人民無法逃出，要救災的人也不能進去，將是臺灣面臨的核災慘境！

在福島，地廣人稀，半徑 20 公里內，只有 20 多萬人，總統府、立法院、行政院、司法院、監察院、中央銀行都在裡面（只有考試院偏南），但是北臺灣核一、二廠事故，半徑 20 公里高達 300 多萬人，如果吹偏北的風，輻射塵會沉降在大臺北盆地，則臺北、新北兩市全部是重災區，常住加流動人口可達 500 萬人。

以臺灣公共設施長年偷工減料的「國家認證」，我對全面癱瘓深具信心，交通號誌立刻停止，路面翻起，橋樑斷裂，治安立即崩潰，所有人都不知道發生什麼，該怎麼辦。如果馬英九還知道要逃，孺子可教，就怕他連逃都不知道如何逃。在臺北盆地中，加上地震的碗盆效應，地

震衝擊波在盆地中來回震盪、共振，放大了地震的能量，就像 921 地震重創埔里一樣。

如何知道問題有多嚴重，注意看一看電燈是怎麼滅掉的，就可以判定。

一般的跳電是電忽然就斷了，大家還不用害怕。要怕的是，臺電的系統性停電（全島全黑）。它有一個特性，電燈不是一下全滅，而是逐漸黯淡下來，可以持續十幾秒，這種停電的情況，代表臺電控制中樞已失去了控制能力，如果電燈逐漸變暗的時間越久，就代表「全島全黑」的機率越大，而且越嚴重。921 地震的停電，就是這種情況。因為電網像是一個大的交流電池磁場，要靠各電場不斷的注入電力維持電力「電位」，當電力不再注入，控制中心可以拉閘跳電，只是局部停電；但若是全面停電，連控制中心都無法控制各配電的電閘，殘存在電網內的電力就會逐漸消逝，所以可以看到電燈慢慢黑掉。

即刻救援：只有幾十秒鐘到幾分鐘因應

連恩尼遜（Lian Neeson）主演的電影《即刻救援》（Taken）中，他只用了幾十秒鐘的時間告訴將被綁架的女兒要如何冷靜處理的情節，也將在核災發生的初期啟動。

當我們發現地震加上逐漸暗去的電燈，我們還有幾十秒到幾分鐘手機網路還有信號，（網路、無線網路需要電，否則會失效），可以用手機發出簡訊，告知家人自己在哪裡，要躲到哪裡去。等到情況清楚後，再回家，或到某地集合。

如果幸運，是深夜，大家都在家，除非房屋有立即倒塌的危險，否則就躲在屋裡，不要出門，因為外面的情況會無法判定。因為電視、甚

至收音機廣播都有了，我們無法得知外界的情況，所以只能待在家中。

接下來該怎麼辦？我建議大家要有事先的設想，事到臨頭（大難臨頭）一定要冷靜，按照過去幾次國際大災難，從 921 地震、南亞海嘯、911，在災難時，身邊的人是最重要的，我們都是別人「身邊的人」，所以我們每個人都是最重要的。

因為大地震會不會引起核災，我們並不知道，除非我們家中有輻射偵測計，像我家一直常備一、兩臺，甚至隨身攜帶，便宜的 1 千多元 1 支的就夠了，以備「不時之需」，否則我無從知道是否有輻射。核災發生時，我相信政府已經失去功能，就算還能講話，也不能信。在核災發生到輻射擴散還有數小時至數十小時，我們與其倉皇逃出去，不如停留在家中和家人團聚是最好的。以下我從資訊、食、住、衣、行這幾方面來討論應該如何準備。

資訊

除了輻射偵測計，我們家中、辦公室中還要準備電池、乾電池短波收音機（因為當地的調幅 AM、調頻 FM 電臺可能都停播了，即使仍在播出，也不能告訴我們真實情況，只能靠國外的電臺廣播）。

無線電對講機也必要的，平時可以在郊外爬山時使用，比打手機省錢，災時可以作為自家連絡之用。

平時要把身分證、護照準備好，錢不重要，如果發生核災，新臺幣歸零，錢等於廢紙，還不如金戒指。

食

食物是除了空氣外最重要的，要先確保飲用水的量、質。如果發生大地震，而且可能會有核災，立刻把所有可以存水的容器都裝滿水。我家平時都是淋浴的，原來可以拆掉澡盆，省些空間，但是我認為澡盆是室內最大的儲水容器，急難時的生命線，不能沒有。如果有其他瓶、罐、桶，也要盡可能用來存水。只要有水，就能夠活上 1 個月。

水塔是密閉的，所以裡面的水短期內是不會被輻射汙染的。但是停電後，馬達也無法打水到屋頂水塔中。

除了水、足夠的乾糧、罐頭，最好是能夠供全家吃 1 個月的。不要泡麵，因為泡麵沒有營養，而且沒有熱水來泡。冰箱中需要冷藏、冷凍的食物也要盡快先吃完，再吃罐頭。罐頭則需要有蔬菜、肉類，有些麵條罐頭、湯罐頭也不錯。

罐頭可以放 10 年也不會壞（雖然保存期限只有 2 年），可以存放幾箱不同的，平時懶得做飯時，消費一些，保持庫存就夠了。

如果家中是用管線天然氣的，可以準備小瓦斯爐，可以煮些熱水熱食。但是如果輻射偵測出異狀時，要緊閉、密封門窗，就不要再用瓦斯、碳火了，以免一氧化碳中毒。

如有慢性病，要準備足夠、有效期內的藥品。我曾經有高血糖、血脂、血壓的三高問題，吃了 3 年的藥，都沒好，想一想決定自力救濟，把體重從近 80 公斤減到 63 公斤，擺脫三高，也減少食量，利人利己。家中若有寵物，也要記得準備好寵物的糧食和飲水——別把寵物變食物了。

住

平時要注意家中的結構安全，可惜臺灣沒有足夠的結構工程師可

信，按照前內政部長李鴻源的說法，臺灣 30 年以上的老房子、老公寓都是危樓；但是現在建商多奸商，誰能保證新比舊好？只能靠地震來驗證了，如果禁得起大地震，還能完整無缺，就可以待在裡面。

最好別住太高的房子，特別是家中有年紀大，行動不便的人，停電時，沒有電梯，非常不方便。如果已住在高樓，平時要多多爬樓梯，一方面健身，一方面演習。

家中要有消防設備，地震時常會引發火災，如果失火，就只能逃命了。失去房屋的庇護，曝露在室外，更多風險。

要注意門窗玻璃的完整與安全，平時家中要準備至少 1 打的寬膠帶，可以封閉門窗隙縫，當輻射偵測到有輻射升高的情況，就把所有門窗、都密封起來。

行

發生大地震，可能道路、橋樑都斷了，如果離家不遠可以設法走回家。即使路是好的，但是交通號誌大概也不行了，加上人的恐慌心理，所以我建議大家，如果發生了，能不動就不動，若非走不可，就用走的，別開車添亂了。

平時家中要準備醫用拋棄式口罩，平時我家總有一盒 50 片的口罩，在正常情況下，口罩是不會壞的。如果非要出去，就戴口罩吧。

總統的任務

我不知道哪一任總統會遇到核災。就算臺灣立即宣布停止核電廠，但是核電廠還要原班人馬運行 20 年，才能讓核電廠內燃料池的燃料冷

卻到可以移出來。而臺灣發展核電 40 年，竟無完善的移除計畫、工程。

　　我原本完全支持核一廠的廢燃料必須盡快移除，但是看了原能會、臺電官商勾結弊案式的「乾式貯存場」後，堅決反對，因為赤裸裸的把最高強度的核廢料從房裡搬到露天來放，這等於在開全臺灣人的玩笑，是要大家的命！而且一座 228 噸的水泥貯槽根本不可能再移動，臺電、原能會把暫存當成永久，根本沒有可行的後續計畫。

　　簡言之，就算今天廢核，核廢的問題還在，而且比核電更大，也會發生核災。當福島事故後，當時日本首相菅直人說，如果福島 4 號機的核廢料再發生連鎖反應，就要撤 250 公里，包括東京！

　　4 號機的燃料池存放了 1200 束核廢料，而臺電核一、核二，現在存放了 1 萬 2 千束，是福島的 10 倍，萬一出事，臺灣四面環海，毫無阻隔屏障，半徑 1 千公里都要撤離，馬尼拉、琉球，上海、香港、南京，武漢…… 中國東南沿海都在半徑內！

　　如果發生核災，當時的總統能做什麼？國軍絕對無此因應能力，更不用說消防單位了，全部都是眼睜睜看著。這時候當總統的很簡單，只要拿出一枚 10 元硬幣，向上一丟，人頭朝上，請美軍來，字朝上，請解放軍來……到時候，就看誰來敲你家的門，把核災難民接走，到哪裡的難民營去了……

21. 危機與轉機的選擇

如果我們對未來都沒有想像，如何發展下去呢？這些政客沒有想像力，卻能成功當選，是因為有一群沒有勇氣想像的人民。我們共同創造了一個沉悶、枯燥無味的政府，一票一票蓋出了「全民大悶鍋」。

現在是最壞的時候，也是最好的時候；有百廢待舉，也有百舉待廢。寫這本書的最後幾天，發生強冠公司黑心餿水油事件，我想到某位臺灣位高權重的「經濟學者」，在擔任行政院政務委員時，大聲疾呼生質能源不可行，因為給人吃的糧食，不能給機器吃，太浪費了。現在證明臺灣的食品業已經把名義上的「回收生質油」（回收餿水油、地溝油、製革油）做成食物給臺灣人吃，還外銷。原來臺灣人是在搶機器吃的油，完全符合這位「經濟學者」的呼籲，一點也不浪費。

要轉危為安，必須從系統來思考未來臺灣的出路。

能源的困境，只是臺灣眾多問題之一，不能只解決能源問題，而不看其他的問題。我們必須先考慮臺灣的國土現況，未來的可能性，在板塊夾縫中，花了 300 萬年升起寶島，蘊育空前的繁榮與興盛，但也可能一夕桑田又沉入滄海。

臺灣人，你要過什麼樣的生活？

我們要有什麼樣的人口政策？臺灣是移民組成的社會，但竟是超級的排外，既崇洋媚外，又看不起「非我族類」，臺灣應該採取完全開放的移民政策，因為現在不開放，完全的鴕鳥政策，我想不出來為何不讓各國的菁英來臺灣工作，一個海島，不可能閉關自守，只有全然的開放，才能清晰透明的規畫。

我們想要什麼生活？要成為瑞士？香港？比利時？荷蘭？小上海？小東京？我沒有意見，但是我們必須先認清自己的處境與潛能，不要聽信政府的政令宣導，或是教條主義。小確幸，有何不好？泱泱大國，有可能嗎？

我們的教育，是不是教育？從 50 多年前的升學、填鴨、體罰教育，開口閉口三民主義、反攻大陸，到現在多元升學，特色招生，到底是進步，還是退步？歐美教育的核心價值是「幫助學生學習」，讓學生畢業後能夠在多變世事中找到自己的出路與發展方向，而我們重視的是考試技巧、算分數、分發，升學重於畢業，至於學生學完後，能做什麼，好像不太有人討論。義美公司總經理高志明曾說：「企業是教育失敗的受害者」，一針見血，學生畢業後不會生活，也不會生產，到底學了什麼？

我們笑中國是山寨，臺灣有多少創新？所有產業的起步，都是從標竿學習起（benchmarking），在企管書上稱「標竿學習」是「無恥的去偷別人的想法」，臺灣地狹人稠，天然資源缺稀，學大國搞大煉鋼廠、大化工廠，大電廠就是錯誤，學學和我們相似的以色列、荷蘭、新加坡、瑞士、比利時，他們為什麼不像臺灣這樣幹？

上帝給我們動盪的土地（地震）與天氣（颱風），但也給我們取之不盡，用之不竭的再生能源，我們卻「非常珍惜再生能源」，連用都不捨得用。我實在不明白！

我不得不說，問題出在政治。

無願景的政客，來自無想像力的人民

我們太喜歡被政治支配，心裡面太尊敬政客，任何婚喪喜慶，再爛的政客都會被安排坐前面，首先發言致詞，然後恭送他們跑下一攤，大家都知道這是假的，但都喜歡。

我們的人民和政客都喜歡作秀與被作秀，所以沒有時間做功課、思考，看問題不看根源，看一看新聞，聽一聽電視名嘴評論，就以為自己懂了，最淺顯的事實，卻不會查證，上網 Google、維基百科、找真正懂的人問一問，用自己的常識判斷，不能把判斷力交給政客，或是不認識的專家——終於有專家講了實話：「**大便消毒後也可以吃啊。你要吃大便嗎？**」

我是個懶散的人，在學校也沒好好讀書，高中都考不上，大學重考了兩次，各科以 60 分為目標，在臺灣時英文也很爛，為了出國而留學，勉強考過托福，過海關時因為聽不懂海關說什麼，差一點無法入境。但是我自認是一個好奇、好學的人，我經歷了各種不同的工作，總是困而學之，特別在 30 歲前，三年多的記者生涯中，讓我更勇於發問，找到第一手的資訊來源，這也讓我的人生更加華麗。

半世紀的生命，讓我建立自己的觀察與觀點，不一定正確，但是我一步步發掘、體會的，大多是第一手的訊息，加上整理分析，都是常識，我樂於和大家分享，我相信只要不斷分享知識，人類的文明是不斷前進的，我的假設可能是錯的，但也可以作為日後的參考。

法拉第經過上千次的重複實驗，找出一直存在的電磁運動的原理，發展出現代的電機學；愛迪生重複了更多的錯誤，找出了燈絲的材料，發

明電燈，改變人類的生活方式。我不是科學家，也不是發明家，也沒上過電機學、核工課，但是在工作與觀察中，我找出了可行與不可行之道。

我沒有工科的背景，但是我培訓許多的汽車供應商、認證機構、汽車供應商品質稽核員，我跨越了不同的汽車零件的系統，因為我掌握了ISO 9000 的「道」，把「過程方法（process approach）」當成日常生活與工作的指南，使我也能進入美國大學品質提升認可的，以及食品安全衛生的領域。

為了證明 ISO 9000 可以用在人與人的工作上，如社工，我擔任了幾年勵馨基金會的顧問，義務協助他們進行社工對個案的評量、需求分析的品質改善工作。

我看臺灣，不是今天的臺灣，而是 50 年後的臺灣，我們要如何留給後人一個什麼樣的世界？2006 年的臺北市長大選，我同時問了三位候選人宋楚瑜、謝長廷、郝龍斌，他們如何看 50 年後的臺北，他們都無法提出願景。郝龍斌說的最坦白：「我連4年後的事都沒辦法預測了。」謝謝他說實話。

如果我們對未來都沒有想像，如何發展下去呢？這些政客沒有想像力，卻能成功當選，是因為有一群沒有勇氣想像的人民。我們共同創造了一個沉悶、枯燥無味的政府，一票一票蓋出了「全民大悶鍋」。

我之所以提出以電作為一個想像的載體，因為電是無色無味，甚至沒有重量的能量，power 可以是任何的能量，電、磁、聲音、輻射、波動、粒子，也可以是權力。

我希望我們的憲法把空氣、陽光、水、電當成人民最基本的權力與權利，人民有權發電，也有權享用電，不要再生活在成天被政府與臺電恐嚇缺電的謊言中。

政府有責任保障高品質的空氣、陽光、水、電，其他都是人民的事，

由人民自己決定、市場決定，而不是由「大有為」的政府決定。

每個人都有公平使用電網的權利

人人有發電、用電的權利，就意味著每個人都有公平使用電網的權利。在物理、工程上，電網即網路，所以電力、電信的生產權與使用權都是人民的基本權力，這是「政權」不可分割的部分。凡是有了能源、資訊，就等於有了權力。而臺電很下流的以「饋線不足」的理由阻斷了人民發電、使用電網的權利，這是低能表現的極致。

太陽能是我們每個人唾手可得的，只要我們願意，人人的屋頂都可以成為太陽能發電廠，從平房、高樓、社區，現在太陽能板已經是 5 年前價格的 5 分之 1，太陽能發電已經是好的投資，更何況，屋頂太陽能屋在寸土寸金的都市中，更是一本萬利。

臺灣有世界上最完整的產業鏈，但是碰到了最缺智慧的政府，坐擁寶山，空手而回，一度不到八元的太陽光電，比臺電尖峰一度成本四、五十元划算太多了。在歷任政府中曾有一位極短命的經濟部長黃營杉提出過，從此成為絕響，因為他是誠實說出國王沒有穿衣服的小孩。

臺灣的農、漁民更可以用他們的土地進行「加值型再生能源」，利用產銷合作社模式，魚照養，菜照種，加上「養水種電」，這才是「富麗農村」── 前省主席邱創煥的口號。除了農林漁牧產品的運銷合作社，也是再生能源的運銷合作社，這收入絕對會吸引一群原來只能領22K 的年輕人回到故鄉。

電力線傳輸，可行的競爭方案

電力線傳輸（Power Line Communication）是百年前發明電話時就

有的技術，只是在假資本主義自由市場之名的托拉斯財團分化掉的「自然物理原理」，使電力與電信分家了。網路、電路原本一家，電信也可以走電力線。

人民奪權，一定要把這些從來沒有過的權力奪回來，就像網際網路一樣，透過全民共有的電網，人民可以發電，就像人人都是臉書的作者，大家可以發電，也可以發出資訊，同時大家也可以用別人的電、接收別人的資訊。

只要電力電線網出現，家中的所有日用品、電器都可以成為電腦、手機的延伸，最近有人把網際網路連上了罹患肌肉萎縮症的英國物理學家霍金的輪椅上，成為智慧輪椅；我所想像不久的電力電信網路的家庭，人人都有智慧馬桶，早上上廁所時，就做了一次簡單的體檢，得到血糖、血壓、體脂、內臟脂肪的監測數據，和冰箱、電鍋、微波爐連起來，建議你要吃什麼食物，也可以透過網路下單，訂購適合的食物。

如此，臺灣的生活、生產、生態都會產生革命性的改變，我們還要隨時提醒自己、提醒別人隨手關燈嗎？透過手機，你就知道你家、你的公司、工廠用多少電、哪裡在耗電，哪些地方可以節省用電⋯⋯

我們比世界其他國家更快進入「大數據時代」，透過數學運算，環境汙染、黑心產品無所遁形，而不是靠不識字的熱心老農花了 5 年時間逮出黑心油的製造廠，讓我們有一個更安全、更健康、更清靜的生活環境。

兩千多年前的《禮運大同篇》勾勒出從來沒有出現的烏托邦，世界大同太形而上了，我想像的交直流並行電力電信網路的綠能世界，都是天生如此，加上現成的技術、既有的人才，應該是合理可行的未來。

後記：誰說你不能改變這個世界

如果有一種方法，可以讓你成為電力公司，而且只要付了今天的電費，你就可以同時享有電力和網路，而且你可以在家就能賺錢，你要不要改變？

我最近幾年參與社會運動，有比戒嚴時代更大的無力感。過去總是以「國民黨威權體制」為打擊目標，不論是廢除刑法 100 條，廢除動員戡亂時期臨時條款，都是真正的「拆政府」，拆掉政府剝奪人民權利的樊籠；現在的「拆政府」，卻把權力交給政府，要政府訂出更嚴厲的法律，剝奪人民的權利（不論是大眾或財團），而沒有找出解決問題的方法：還政還權於民。

結果政府越拆越大，公務員越來越多，預算年年增加，增訂更多箝制人民權利的法條。像《食品衛生管理法》，竟可剝奪媒體預警的天職，政府可以處罰逕行送樣檢測發現問題的媒體（《商周》的牛奶駭人報導）。要反迫遷，就應該徹底推翻「土地國有民用」的憲法，改成土地民有民用，漲價不必歸公，因為這些都是剝奪人民權利的假正義條款，你把喜歡吃羊的狼放去看羊，對狼和羊都是本性的挑戰。

牧民牧成專制政府

我們的憲法還是從管仲「牧民」的王權思想而來，雖然強調要服從民之所欲，但是對君王的勸說，給人民一個海市蜃樓的棒棒糖，根本缺乏民權概念，因為根本沒有把權給人民。

憲法看起來很好，但是和我們的需要相符嗎？所謂選舉、罷免、創制、複決，其實只有選舉一權，其他三權都是被萎掉了，我們根本沒有能力節制政府、官員，這憲法就像是桌子一支腳長，3 支腳短，肯定要翻桌的。但是大家都視若無睹，好像赤身裸體的國王還真的穿了新衣。

這都是國民黨當權時搞出來的騙局，比起來核電騙局還是小意思。我真的痛恨這樣的政治謊言，但是更痛恨習慣這些謊言的官員、人民。不論他們是什麼政黨的，都已不知不覺「被國民黨化」了。

我要當無法融入的美國人嗎？

1986 年 3 月 5 日，我負笈前往美國唸書，這是臺灣長大的男生少數可以出國的機會，父親當了大半輩子的軍人，效命於蔣經國，在在中正機場臨進海關前，他偷偷的告訴我，如果有可能，就留在美國，想辦法取得綠卡，最好還能拿到公民身分。眷村長大的孩子，能夠變成美國人，是光宗耀祖的事。

我討厭馬英九，因為他身上處處都是我所厭惡國民黨的虛偽、黨棍色彩，但是我卻非常同情他持有綠卡的事，只是他不能誠實面對。我相信馬英九為了滿足他父親馬鶴齡的期許，很快取得綠卡，這是當時的氣氛如此；本省人也有不少如此的，臺灣本來就是難民加移民的島嶼社會，缺乏數十代養成、與生俱來的親土、護土性，離鄉背井是常態，我們可以看一看臺灣各縣市首長，有幾個是土生土長的當地人士？

幸運的是，我從小就是一個不聽話的壞學生，師長要我往東，我就一定往南、往北、往西走，去美國讀了一年多的碩士，就回臺灣，因為那時候我估計臺灣要解嚴了，我不能錯過這場歷史時刻。

讓我從美國回臺灣的最大感動，是在一個大雪的夜晚，當時我在明

尼蘇達州立大學念研究所。

　　明尼蘇達號稱是美國的冰箱，冬天零下 20-30 度是平常的事，一下雪是用尺來算的，這對在亞熱帶長大的我，是完全不同的經驗，對明尼蘇達人而言，下個兩、三呎的雪，都不會停班停課。

　　大雪紛飛的清晨，我開車上路，奇怪的是路上的雪已經剷光了，馬路上不斷有掃雪車來回跑，每一段都有人負責。當時我想美國人人工那麼貴，誰付這些掃雪車司機的薪水，這些人在不下雪的半年做什麼？而當地政府很窮，連警察的薪水都快發不出來了，怎麼會付得起這些人薪水？

　　同學告訴我，那些掃雪人都是社區居民自願的，掃雪車、剷雪車是政府提供的，由社區自行組成義工，只要一下雪，就會出動清除路上的雪，保持當地交通暢通。

　　我當時是研究生，也要帶大學部學生上普通生物學通識課，有非常多當地的生物知識，和臺灣的全是理論知識卻無當地知識的教育完全兩樣，學生對當地的生物情況如數家珍，顯然在中、小學就已經很熟了。

　　另外，我看到幾位以前眷村的大哥哥，出國念書時，大家非常羨慕，可說是光耀門楣的拿到學位，順利在美國工作，拿到居留權、公民身分，回到村裡，衣錦榮歸，「有為者皆若是」，這是我根深柢固的印象。但是和他們接觸後，卻發現完全不是衣錦還鄉時的風光。

　　他們多半是在美國的公司擔任技術工作，因為文化的差異、個性的封閉，很難打入白人社會，也看不起黑人和其他有色人種，上班後回家就窩在車庫中修修東西（卻沒有變成比爾・蓋茲，或賈伯斯的）。

　　我想，難道這是我想要的嗎？他們已不把希望放在自己身上，反而希望自己的小孩能夠融入美國社會，變成真正的美國人，而他們只有在回臺灣的時候，才是「美國人」。

越想維持現狀，越會失去一切

我這一生中都在改變，我相信物理所說的，宇宙是因為變而存在的，只有變才是永遠不變的。1990 年代的選舉，看到國民黨的選舉口號是「維持現狀」，到現在的「不獨不統不武」，還是維持現狀，就非常痛恨。因為越想維持現狀的，越會失去一切，國民黨在中國就想維持現狀，被趕到臺灣，害得那麼多家庭破碎，多少人冤死。

現在輪到我把眼光投向未來，在 2014 年 3 月學運時，我去了幾趟立法院，耳邊響起「Party is over」，這世界是年輕人的，不論是對是錯，都是他們的，我應該退場。我擔心如果大家只看眼前，不願改變，臺灣的社會再也沒有對話的可能，不論服貿或是其他公共議題，只有立場而無意見，更無解決問題的方法。

如果我們不能把我們居住的地方當成家，如果只是過客，不真正了解這個「家」，就沒有機會讓臺灣成為我們永遠的家。我們不了解自己的土地，甚至不了解自己對土地做了什麼，像高雄氣爆、餿水油再起，是另一個「核災天啟」現場，大家都不知道自家的地下埋了什麼、也不知道自己吃了什麼，而指望政府、企業保護我們，那麼，我們除了等死，什麼也不能做。

孤島最適宜發展再生能源

谷歌和世界巨富都做不到的事，但是臺灣人民在臺灣卻可能做到。

臺灣是單一電網，又是封閉電網，最有可能創造出自己電力電信網的標準，一旦電力電信網成為臺灣全島的能源、資訊管路，立刻可以併發出無限的可能性，臺灣可以成為國際電力線通信的標準建立者，沒有人比臺灣更方便，同時又擁有高密度、高水準的電腦、電子、電機軟硬

體人才，我想不出地球上有哪個國家可以和臺灣競爭。

如果把臺灣想像成一個公司，這公司最大的地理特質就是孤島，在這裡 97% 的能源是靠外來的能源，也就是我們的脖子 97% 是被外國的財團、政治勢力所掌握，我們必須靠外銷才能換到能源，從過去的農林漁牧產品，後來的紡織品、電器，到現在的電子產品。這裡的人民，既是股東，也應該是員工，溫良恭儉而有技術，如果方向正確，可以發展出另一條出路。可惜過去被引導進入 3K 產業，污染、耗能、體力勞動，即使現在看來進步，但是仍是靠剝消環境、勞工、教育、社會福利、社會正義這些正能量來滿足少數人的私利。

因為我們是一個島，又有中央山脈，我們坐擁可說是世界最好的風場與太陽能日照，根據台大教授陳發林進行的國家型能源計劃研究，臺灣的再生能源產量，包括已知的風力、太陽能、地熱，還不算未知的東部沿海的黑潮洋流，可以達到目前所有電力的 2.7 倍，這代表我們有機會把 1.7 倍的再生能源電力用到電動車、工廠，只需要少數的天然氣電廠因應無風無太陽的日子。

當然再生能源的主要限制是大量的土地，而臺灣土地私有制，在私人的手中，政府以「土地成本太高，不易取得」為理由，作為阻止再生能源的藉口。而真正的情況剛好相反。

屋頂與魚塭的太陽能利用

都市的土地昂貴，太陽能屋頂正好可以合情合理合法的創造出一層昂貴的空間，平均一坪可增加數十萬甚至百萬的價值，這對一坪才 2、3 萬的太陽能造價而言是數十倍的利益，只是並改造目前屋頂違建雜亂難看的景觀，提高都市的房地產價值，減少市區變電所興建（電力就近供

應，不需要長途傳導，特別是在夏季用電尖峰時刻），讓供電更加穩定。

　　沿海的農漁產業近年受到勞動力短缺，產業轉型，不當的區域產業規劃與環境污染的影響，許多地方無以為繼，特別是沿海的塩鹹地帶，只能喝西北風。如果適當引進太陽能、風力與地熱時，這些地方就可以靠曬太陽、喝東北季風過日子，閒置的農地不需要領休耕補助，繼續「靠天吃飯」就好了。

　　每次東北季風盛行，寒流來襲，就會有某地的養殖漁業受到寒害，我常想為什麼不用東北季風帶來的過剩風力發電，為魚塭保溫，而不是年年聽這種悲慘的新聞。同時這些地方如果自己有自電的電源，就可以有便宜能源進行打水、抽水、耕作自動化，改善耕作環境，或是海水淡化取代超抽地下水，這些地區的農漁民生活就能改善，而且有了電源的收入。

再生能源是未來最有前景的產業

　　發展再生能源，會是臺灣在 21 世紀與未來最有前景的產業之一，臺灣的年輕人可以投入當地產業與能源產業，振興都市與農村；再生能源不需燃料，但需要大量設計、製造、安裝、維護、保修的人力，這是更大的就業機會。只可恨現在的馬政府打壓再生能源產業，沒有人敢投資「冒犯」當道，這些設計製造的就業機會就都外流海外，而臺灣政府對再生能源的裹足不前，安裝、維護、保修的工作機會當然也不存在了。

　　核電，並不只是由政客、美帝造成的，而是我們共同容許它的存在。

　　我們明明有充沛的再生能源，卻不好好利用，只是暴殄天物。經過幾十年的跌跌撞撞走來，我們今天有能力可以選擇用再生能源，加上網路，做為每個人手中的權利，集合起來拿回我們的權利，除了我們自己，

沒有人能阻止我們。

　　我們可以改變世界，我們應該開始行動了。這個行動的目的是：認清我們的土地，建立自己的家園，靠自己，而不是靠政府。套句太陽花學運最流行的一句標語，「自己的國家自己救」！

國家圖書館出版品預行編目（CIP）資料

臺灣・能・革命：綠能大國或核災難民的選擇
／方儉著. -- 初版. -- 臺北市：臺灣商務，
2014.11
　　面；　公分. --（熟年館；11）
ISBN 978-957-05-2972-2（平裝）
1. 能源政策 2. 電力事業 3. 臺灣

　　　　554.68　103020395

熟年館 11

臺灣・能・革命

綠能大國或核災難民的選擇

作　　者　方儉

責任主編　何珮琪

封面設計　申朗創意

校　　對　謝惠鈴、何亞威

圖片提供　方儉

發 行 人　王春申

副總經理　沈昭明

營業部經理　李雅梅

出版發行　臺灣商務印書館股份有限公司

編輯部　　10046 臺北市中正區重慶南路一段三十七號三樓

電話：(02) 2371-3712　傳真：(02) 2375-2201

客服專線　0800-056196

郵撥帳號　0000165-1

E - m a i l　ecptw@cptw.com.tw

網　　址　www.cptw.com.tw

局版北市業字第九九三號

初版一刷　二○一四年十一月

定　　價　新臺幣三百五十元

ISBN 978-957-05-2972-2